SHANNON BREAM

Las
MADRES
e
HIJAS
de la
BIBLIA
nos
HABLAN

Lecciones de fe de nueve familias bíblicas

ORIGEN

T0025750

Penguin
Random House
Grupo Editorial

Título original: *The Mothers and Daughters of the Bible Speak*

Primera edición: octubre de 2023

Publicado bajo acuerdo con Broadside Books, un sello de HarperCollins Publishers.

Copyright © 2022, Shannon Bream
Copyright © 2023, Penguin Random House Grupo Editorial USA, LLC
8950 SW 74th Court, Suite 2010
Miami, FL 33156

Traducción: María José Hooft

A menos que se indique lo contrario, todas las citas bíblicas fueron tomadas de la Santa Biblia,
Nueva Versión Internacional, NVI, ©1973, 1978, 1984, 2011.

Impreso en Colombia / *Printed in Colombia*

ISBN: 978-1-64473-783-5

23 24 25 26 27   10 9 8 7 6 5 4 3 2 1

ORIGEN es una marca registrada de Penguin Random House Grupo Editorial

Para Jouetta,
una madre con una entrega desinteresada, una fe profunda,
un gozo permanente y un poco de picardía.
Estoy tan agradecida por haberme casado con tu hijo
que también yo te llamo "mamá".

¡Voy a hacer algo nuevo!
Ya está sucediendo, ¿no se dan cuenta?
Estoy abriendo un camino en el desierto,
y ríos en lugares desolados.

—Isaías 43:19

Contenido

Introducción

¿Alguna vez has tenido uno de esos días? ¿Uno de esos días en que parece que todo lo que sucede se interpone en el camino de tu progreso y tus planes? Yo lo tuve en el 2021, y la lección que me enseñó se encuentra en el centro de este libro. Puede resultar difícil mantener la mente enfocada en las cosas de arriba cuando las circunstancias aquí en la tierra parecen estar específicamente destinadas a robarte el gozo, pero nada de lo que nos topamos en la vida deja de tener un propósito.

Era muy temprano por la mañana. Tenía un evento planeado para el sábado en la noche a cientos de millas de distancia de mi casa. Nos habíamos levantado para ir al aeropuerto, embarcar y estar listos para salir a las 7:45 de la mañana; una exageración para mí puesto que normalmente no me acuesto después del trabajo hasta las 2:30 de la madrugada. No había hecho más que vestirme con ropa casual presentable después de lavarme los dientes. Justo en ese momento comenzaron los anuncios: "Tenemos un problema mecánico menor que rectificaremos y luego estaremos en camino".

Tengo que confesar algo: soy una agente de viajes oculta. No es que solo me encante viajar; es que quiero investigar y estudiar cada opción posible mucho antes de hacer planes. Así que cuando escuché sobre el retraso, comencé a desenterrar todas las opciones viables para llegar a tiempo a nuestro evento. Había otro vuelo que partía pronto hacía la ciudad donde hacíamos la conexión, pero teníamos que abandonar el vuelo en el que estábamos y correr el riesgo de que las maletas no llegaran a tiempo. Lanzamos los dados. Después de varios llamados y retrasos irritantes, aterrizamos a salvo en nuestro destino.

No teníamos mucho tiempo, pero estaba segura de que todavía podía llegar a arreglarme el cabello, maquillarme y sacar mi arma secreta: el vestido negro que no se arruga. Y hablando de arrugas, ¿a que no adivinas lo que sucedió cuando fuimos a retirar el equipaje? Puedes ver hacia dónde nos encaminamos. Comenzó a brotar el pánico. La única valija que había llegado a tiempo era la que tenía mi traje de baño. No podía subirme al escenario en bañador y pareo.

En la oficina de servicio de equipaje del aeropuerto me dijeron que había una "gran probabilidad" de que las valijas perdidas llegaran en el siguiente vuelo proveniente de la ciudad donde justamente habíamos hecho la conexión. De acuerdo con mis cálculos, podría pasar por alguna farmacia y conseguir maquillaje de emergencia, pero aun así tendría que subir al escenario con ropa deportiva glorificada. Había dormido poco y estaba comenzando a impacientarme, y mi preocupación se intensificó al escuchar la noticia de que la empresa de alquiler de autos no podía encontrar nuestro vehículo; a pesar de que lo habíamos reservado.

Luego de un retraso de treinta minutos, nos apresuramos para que pudiera pasar por la farmacia y comprar crema hidratante con color, rímel, rubor, champú para cabello graso; cualquier cosa que pudiese ayudar. Teníamos el tiempo justo para regresar al aeropuerto a ver si efectivamente las dos valijas perdidas habían llegado en el último vuelo.

¡La primera buena noticia del día fue que aparecieron! Mientras íbamos a toda prisa, comencé a prepararme en el auto. Cuando llegamos a la iglesia, el pastor y su esposa fueron de lo más amables. Habían estado orando por nosotros todo el día, por las diversas complicaciones y desvíos. Mientras hacía las paces con la cola de caballo que me había hecho en el pelo, rápidamente me puse ese vestido a prueba de arrugas, e hicimos una oración.

Antes de mi charla de esa noche, tres mujeres se subieron al escenario y compartieron su profunda historia personal sobre las pérdidas y cómo Dios había redimido ese enorme sufrimiento para su gloria. Con cada porción de vulnerabilidad y dolor que revelaban, sentía como si me clavaran un puñal en el corazón. Había pasado todo el día enojada con todo y con todos, ofendida porque mis planes se habían frustrado una y otra vez. Exigía saber por qué Dios me había arrastrado hacia esas circunstancias cuando me encontraba exhausta e intentaba ser visible para hacerlo ver bien a Él. Ah, y por cierto, ¿por qué razón Él iba a dejarme verme bien para este evento? ¡Una sesión elegante cortesía de Walgreens no era lo que yo tenía en mente! Lo que quiero decir es que si yo no me veía bien, ¿cómo se suponía que iba a hacer que Él se viera bien?

¡Ay! Me senté en el banco de la iglesia mientras miraba pasar el día delante de mis ojos, y finalmente lo comprendí.

No se trataba de que subiera al escenario elegante y pulcra; se trataba de darme cuenta de que había tenido el enfoque equivocado durante todo el día. Este evento tenía que ver con caminar por la vida con mujeres que habían sufrido una pérdida o estaban en medio de una en ese preciso momento. ¿Por qué pensé que si me presentaba y me mostraba como si no tuviera ninguna preocupación en el mundo tendría el derecho de compartir la gracia y las promesas de Dios? Estaba llorando para el momento en que el pastor me presentó y les contó a las mujeres presentes el día tan accidentado que yo había tenido. Todo ese día, todas esas complicaciones eran la verdadera cuestión. El Señor me subió a una montaña rusa para que mi corazón estuviera mucho más sintonizado con lo que Él quería decir a través de mí. No se trataba de mí; se trataba de Él y de las mujeres que amaba tanto. Se trataba de ser humildemente vulnerable, genuina y transparente.

Gran parte de lo que leemos en las Escrituras amplía esta misma lección una y otra vez: el viaje *es* parte del proceso. Lo que parece como un retraso en obtener "lo bueno" es un tramo del camino inevitable y necesario. Hasta el mismo Jesús lo ejemplificó en Mateo 3:TG13-4:25. Al comienzo del pasaje, vemos a Juan el Bautista bautizando a Jesús.

> Después de que Jesús fue bautizado, salió del agua. En ese momento, los cielos se abrieron y vio al Espíritu de Dios descender como una paloma y posarse sobre él. Y una voz del cielo dijo: "Este es mi Hijo amado; estoy muy complacido con él" (Mateo 3:16-17).

¡Guau! Dios mismo habló desde el cielo y dejó en claro a todos que Jesús era su hijo. ¿Podía existir un momento más perfecto para Jesús para lanzarlo al ministerio público? ¿Por qué no salir directamente caminando desde el bautismo y proclamar de forma celestial por las calles y comenzar a hacer milagros?

Porque ese no era el plan. En cambio, esto es lo que sucedió inmediatamente después de que Jesús fue bautizado:

Luego el Espíritu llevó a Jesús al desierto para que el diablo lo sometiera a tentación. Después de ayunar cuarenta días y cuarenta noches, tuvo hambre (Mateo 4:1-2).

Antes de que Cristo pudiera comenzar su ministerio público, se enfrentó a un desvío que probó todos los límites de la mente y el cuerpo humano y que eligió aceptar. En los versículos siguientes podemos ver al diablo tentar, probar y burlarse de Jesús en repetidas ocasiones. Durante semanas, Jesús estuvo solo —hambriento y sediento— y fue atormentado por su enemigo, nuestro enemigo. En cualquier momento, Jesús podría haber abandonado todo. En cambio, se mantuvo firme, citando las Escrituras y viviendo fielmente la misión tortuosa y terrenal que le había sido encomendada. Al final de ese intenso tiempo de pruebas, Jesús predicó y reunió a los hombres que se convertirían en sus discípulos. Mateo 4 termina de la siguiente manera:

Jesús recorría toda Galilea, enseñando en las sinagogas, anunciando las buenas nuevas del reino, y sanando toda enfermedad y dolencia entre la gente. Su fama se extendió por toda Siria, y le llevaban todos los que padecían de diversas enfermedades, los que sufrían de dolores graves, los endemoniados, los epilépticos y los paralíticos, y él los sanaba. Lo seguían grandes multitudes de Galilea, Decápolis, Jerusalén, Judea y de la región al otro lado del Jordán (Mateo 4:23-25).

No existen las sorpresas para nuestro Padre celestial. Inmediatamente después de que Jesús fuese afirmado y reconocido por su padre, el Espíritu Santo lo llevó a la jungla espiritual. Solo recién después de esos cuarenta días y cuarenta noches, Jesús fue lanzado a su ministerio público. El intenso tiempo de persecución y estrés físico sobre Jesús no fue simplemente un desvío accidental. Era parte del plan, quizá un fuego purificador.

Podrás ver el mismo principio en este libro, en las historias de las madres y las hijas. A menudo, sus vidas pueden parecer estar extremadamente desencaminadas. A veces es difícil comprender el sufrimiento que hace su propio camino en medio del recorrido. Tal vez sea verdad en cuanto a tu travesía. Lo que sí es coherente a lo largo de todo el tiempo es que Dios tiene un propósito en cada una de las vueltas, en especial aquellas que no vemos venir. Como José les dijo a los mismos hermanos que una vez habían conspirado para matarlo, y a quienes luego salvó en el momento de necesidad:

Es verdad que ustedes pensaron hacerme mal, pero Dios transformó ese mal en bien para lograr lo que hoy estamos viendo: salvar la vida de mucha gente (Génesis 50:20).

Espero que puedas ver esta misma verdad ilustrada en la vida de las mujeres de estas páginas, y también en la tuya.

Madres e hijas

Las madres son nuestras primeras protectoras mientras nos preparamos para llegar al mundo. Muchas de ellas oran por sus hijos mucho antes de ponerles nombre, almacenan esperanzas y sueños para sus pequeños. La conexión y la unión originales entre una madre y su hijo es única y misteriosa; y dura toda la vida. Por esa razón puede ser muy difícil cuando el camino que Dios traza para nuestros hijos se desvía del que quizá habíamos diseñado en nuestra mente.

En esta sección vamos a leer sobre las madres que fueron muy valientes y que sufrieron una gran pérdida. También veremos la valentía de hijas audaces. Juntas, seremos testigos de los lazos que van más allá de la maternidad terrenal al ver las hermosas conexiones que animan e inspiran a aquellas que consideramos nuestras madres e hijas espirituales.

Dios dotó a Jocabed, Miriam, Noemí, Rut, Elisabet y María con la valentía sagrada que necesitaban para caminar hacia los planes de Dios, aun cuando llegaron de sorpresa. Estas mujeres encontraron la fortaleza en las relaciones y se llevaron una a la otra hacia una fe y una confianza más profundas en los diseños que nuestro Padre celestial tenía para ellas. Espero que seamos inspiradas por su compromiso, lealtad y firme creencia en que Dios obraba todas las cosas para su bien a través de sus vidas.

Jocabed y Miriam

(GÉNESIS 37, GÉNESIS 39-45:15,
ÉXODO 1-4:17, ÉXODO 15:20-21)

Un mundo oscuro

¡El libro de Génesis está lleno de madres! Desde Eva a Sara, Rebeca, Raquel y Lea, la maternidad juega un rol importante en las primeras historias de la Biblia. Pero muy raras veces vemos a estas madres interactuando con sus hijos; y de las que se nombran en Génesis, Lea es la única de quien la Biblia menciona que haya dado a luz a una hija. Recién cuando llegamos al libro del Éxodo podemos encontrar al primer par de madre e hija interactuando entre ellas en las Escrituras: Jocabed y Miriam. De cierta manera, son el único par de madre e hija que incluimos en estas páginas. Los otros pares que veremos están emparentados por matrimonio (Rut y Noemí) o por ser primas (Elisabet y María).

Cuando nos aventuramos en el extraordinario libro del Éxodo, vemos por completo la belleza y el poder del lazo entre madre e hija; de la misma manera en que nos muestra la magnitud de la relación de Dios con su pueblo, Israel. La sabiduría de la Biblia nos revela ambos milagros, y aquí comienza la historia de la íntima relación de Dios con su pueblo —no tan solo Abraham y su familia, o Jacob y sus hijos, sino también el pueblo de Israel como un todo— con el amoroso lazo entre madre e hija al principio de una historia extraordinaria.

Génesis nos muestra la manera en que los once hijos de Jacob crecieron para convertirse en un pueblo separado con sus propias costumbres e identidad. Éxodo nos hace dar otro paso, nos muestra cómo los israelitas entraron luego en una relación con Dios, no como individuos, sino como grupo: como el recientemente formado pueblo de Dios. Éxodo se trata del nacimiento de Israel como nación, y en el comienzo mismo de esta aventura divina encontramos a Jocabed y a Miriam. Es a través de la valentía y el sacrificio de esta dupla de madre e hija que comienza a desarrollarse la historia entera de las Escrituras. ¡Qué regalo nos da Dios en el relato bíblico marcado por la fe, la creatividad y el coraje de estas dos mujeres!

Pero antes de zambullirnos, echemos un vistazo hacia atrás. Cientos de años antes de que Jocabed y Miriam entraran en escena, los israelitas llegaron a Egipto en un tiempo de crisis. Esa travesía fue posible gracias a un gran hombre, "un elegido" que había ido al exilio y había crecido en una tierra extranjera antes de que su familia estuviera finalmente preparada para salvar a Israel.

Todo comenzó con una seria situación de rivalidad entre hermanos. Aunque Jacob tenía muchos hijos, José era el descendiente de su amada esposa, Raquel. Pero había otros once hijos, de la otra esposa (y hermana de Raquel), Lea, como también los hijos nacidos de las siervas de ellas, como era costumbre de la época. No era ningún secreto que Jacob prefería a José por sobre sus hermanos; hasta le hizo una túnica especial a su hijo preferido. Aquí vemos cómo los hermanos mayores de José tomaron el evidente favoritismo hacia él:

Viendo sus hermanos que su padre amaba más a José que a ellos, comenzaron a odiarlo y ni siquiera lo saludaban (Génesis 37:4).

José debe haber sido muy consciente tanto de su posición de privilegio como de los celos de sus hermanos que eso ocasionaba. Sin embargo, las veces que tuvo sueños que parecían ser una señal de un futuro crecimiento en cuanto a su posición, no dudó en compartirlos con ellos.

Cierto día José tuvo un sueño y, cuando se lo contó a sus hermanos, estos le tuvieron más odio todavía, pues les dijo: "Préstenme atención, que les voy a contar lo que he soñado. Resulta que estábamos todos nosotros en el campo atando gavillas. De pronto, mi gavilla se levantó y quedó erguida, mientras que las de ustedes se juntaron alrededor de la mía y le hicieron reverencias".

Sus hermanos replicaron: "¿De veras crees que vas a reinar sobre nosotros, y que nos vas a someter?". Y lo odiaron aún más por los sueños que él les contaba. Después José tuvo otro sueño, y se lo contó a sus hermanos. Les dijo: "Tuve otro sueño, en el que veía que el sol, la luna y once estrellas me hacían reverencias". Cuando se lo contó a su padre y a sus hermanos, su padre lo reprendió: "¿Qué quieres decirnos con este sueño que has tenido?", le preguntó. "¿Acaso tu madre, tus hermanos y yo vendremos a hacerte reverencias?". Sus hermanos le tenían envidia, pero su padre meditaba en todo esto (Génesis 37:5-11).

Y hablando de no poder entender lo que pasa a tu alrededor... Quizá José habló con la humilde seguridad de que los mensajes no eran suyos, sino divinos por naturaleza. En cualquier caso, ¡sus hermanos no estaban entusiasmados!

Las cosas se volvieron tan controvertidas que sus hermanos comenzaron a conspirar en su contra, algo fácil de hacer puesto que se encontraban en campos lejanos cuidando los rebaños. Al contenerse apenas de matarlo, encerraron a José en una cisterna vacía cuando fue a visitarlos. Mientras estaban cenando, pasó por allí un grupo de mercaderes ambulantes que se dirigía a Egipto. Así que, en lugar de matarlo, sus hermanos decidieron venderlo como esclavo, y los comerciantes lo llevaron con ellos a Egipto. Para completar el engaño, los hermanos degollaron una cabra y sumergieron la túnica de José en la sangre para luego llevársela a su padre. Jacob creyó que su hijo amado había sido asesinado por un "animal salvaje" (Génesis 37:33) y cayó en un profundo dolor.

¿Acaso alguno de los hijos de Jacob que había tramado este engaño cedió ante la culpa de ver lo que habían hecho? ¿Sintieron arrepentimiento al ver a su padre, Jacob, desconsolado? Estuviesen o no luchando contra esa traición, la historia de José realmente recién estaba empezando. Una vez que llegó a Egipto, lo vendieron a Potifar, uno de los oficiales más estimados del Faraón. José creció en importancia debido a su honradez e integridad.

Por causa de José, el Señor bendijo la casa del egipcio Potifar a partir del momento en que puso a José a cargo de su casa y de todos sus bienes. La bendición del Señor se extendió sobre todo lo que tenía el egipcio, tanto en la casa como en el campo. Por esto Potifar dejó todo a cargo de José, y tan solo se preocupaba por lo que tenía que comer. José tenía muy buen físico y era muy atractivo (Génesis 39:5-6).

Pero había un problema en el horizonte. La esposa de Potifar también observó a José y frecuentemente intentaba seducirlo. Día tras día, José la rechazaba.

En esta casa no hay nadie más importante que yo. Mi patrón no me ha negado nada, excepto meterme con usted, que es su esposa. ¿Cómo podría yo cometer tal maldad y pecar así contra Dios? (Génesis 39:9).

Sin embargo, la esposa de Potifar continuaba insinuándose, y un día en el que se encontraban solos, lo volvió a llamar. José nuevamente la rechazó y salió corriendo con tanta prisa que se olvidó del manto; la esposa de Potifar aprovechó para sacar ventaja y tenderle una trampa diciendo que había intentado abusar de ella. A pesar de que Potifar conocía el carácter de José, creyó la historia de su esposa y José fue encarcelado.

Es fácil ver cómo a esta altura el rencor podría haberse arraigado en el corazón de José. El hijo preferido de una familia próspera parecía estar encaminado hacia la grandeza; luego se enfrentó a una serie de avances y retrocesos, y, en ese momento, sintió como si no existiese ningún plan o propósito. Sus hermanos casi terminaron con su vida. Más tarde, lo vendieron como esclavo, pero él era tan honrado que llegó a lo alto de una familia egipcia prominente. No vemos ningún indicio de que José hubiera pecado o deshonrado al Señor, y sin embargo, una vez más, lo enviaron a la cárcel y olvidaron; pero Dios no lo olvidó. A pesar de sus circunstancias, José una vez más vivió en honradez.

Pero aun en la cárcel el Señor estaba con él y no dejó de mostrarle su amor. Hizo que se ganara la confianza del guardia de la cárcel, el cual puso a José a cargo de todos los prisioneros y de todo lo que allí se hacía (Génesis 39:20-22).

Arrojado a una situación difícil tras otra, José una y otra vez elegía la integridad y el servicio a los demás. Eso incluía al copero y al panadero del rey, quienes habían hecho enojar a su líder y habían acabado tras los barrotes.

Fue aquí donde volvió a notarse la capacidad de José de interpretar los sueños, un don dado por Dios que lo guiaría en más de una ocasión. Mientras estaban en la cárcel, tanto el copero como el panadero tuvieron un sueño vívido, y al buscar a alguien que pudiera interpretarlo, José humildemente les dijo que Dios podía hacerlo a través de él. La interpretación de José fue una buena noticia para el copero; que regresaría a su puesto. Pero el sueño del panadero predijo su muerte. José le pidió al copero que lo recordara cuando fuera liberado (como lo predijo), pero el hombre no lo hizo... al menos por bastante tiempo.

Unos años más tarde, el Faraón tuvo dos sueños impactantes. Mientras buscaba a alguien que se los explicara, el panadero recordó la deuda que tenía con José y le contó sobre su capacidad al Faraón. Rápidamente, sacaron a José del calabozo donde había estado encarcelado y lo llevaron delante del Faraón.

"No soy yo quien puede hacerlo", respondió José, "sino que es Dios quien le dará al Faraón una respuesta favorable" (Génesis 41:16).

El Faraón le contó su peculiar sueño, y guiado por Dios, José predijo el período de siete años de abundancia para Egipto seguido de siete años de gran hambruna. José le aconsejó al Faraón que buscara un hombre "competente y sabio" para ponerlo a cargo de la tierra de Egipto y administrar las futuras dificultades (Génesis 41:33). ¿Adivina quién, a pesar de los años de esclavitud e injusta cautividad, fue elegido para convertirse en el segundo del Faraón en toda la tierra?

Luego le dijo a José: "Puesto que Dios te ha revelado todo esto, no hay nadie más competente y sabio que tú. Quedarás a cargo de mi palacio, y todo mi pueblo cumplirá tus órdenes. Solo yo tendré más autoridad que tú, porque soy el rey" (Génesis 41:39-40).

¡Hablando de redención! Los primeros sueños de José le habían puesto una diana en la espalda, pero su disposición para ser el mensajero de Dios para el copero, el panadero y luego el Faraón cambió todo, no solo para él sino también para la nación de Israel que vendría.

Es fácil dudar del plan y la provisión de Dios cuando estamos luchando. Puedo imaginar la manera en que José se debe haber sentido tantas veces: desanimado, injustamente acusado y arrebatado de sus derechos humanos más básicos. Debe haber sido doblemente confuso luego de las profecías de su niñez. Creo que hay un propósito en nuestro dolor, en las curvas que no vemos venir en el camino, en las cosas que nunca elegiríamos enfrentar voluntariamente. En toda la historia de José nunca lo vemos arremeter contra Dios ni criticar su confianza en Él. Si acaso, lo vemos tomar cada oportunidad para apartarse de la gloria terrenalmente potencial y llevarla directamente a su Padre celestial.

La asombrosa historia que se despliega a partir de ahora se trata de un relato para la posteridad. Tal como Dios guio a José en su predicción, Egipto experimentó años de gran abundancia. Él supervisó los esfuerzos para recoger y guardar el excedente, lo que mantendría al pueblo a lo largo de los desesperados años de la hambruna devastadora que siguieron. Cuando sucedió eso, la gente llegó de todas las regiones colindantes buscando ayuda, incluidos los hermanos de José, distanciados desde hacía tanto tiempo. En Génesis 42 al 45, puedes leer sobre la asombrosa historia acerca de la capacidad de José para proveer a los mismos hermanos que habían tramado deshacerse de él para siempre. Había pasado tanto tiempo desde su acto de crueldad para con él que ni siquiera se dieron cuenta de que el hombre que estaba parado delante de ellos era su propia carne y sangre. Cuando José finalmente reveló su identidad a sus hermanos, no dio la vuelta olímpica. No voy a mentir, ¡pero creo que yo me habría estado atando los cordones de las zapatillas! *Tan solo hacerlos sufrir un poco. ¡Tú te MERECES una disculpa!* En cambio, una vez más, volvemos a ver al hombre humilde de Dios que José había demostrado ser.

> Pero ahora, por favor no se aflijan más ni se reprochen el haberme vendido, pues en realidad fue Dios quien me mandó delante de ustedes para salvar vidas. Desde hace dos años la región está sufriendo de hambre, y todavía faltan cinco años más en que no habrá siembras ni cosechas. Por eso Dios me envió delante de ustedes: para salvarles la vida de manera extraordinaria y de ese modo asegurarles descendencia sobre la tierra. Fue Dios quien me envió aquí, y no ustedes. Él me ha puesto como asesor del Faraón y administrador de su casa, y como gobernador de todo Egipto (Génesis 45:5-8).

En otras palabras, José estaba diciendo: *Muchachos, sé que intentaron asegurarse de no volver a verme nunca más. ¡No hay problema! Dios tenía todo esto planeado. No es su culpa.*

José no solo se encontraba en la posición de salvar a su familia, sino que también contaba con tan grande favor por parte del Faraón que le permitió traer a toda su familia e instalarse "en la mejor región de Egipto" (Génesis 47:11). Y así fue cómo la nación de Israel inició sus años de residencia en Egipto, tras lo cual José fue celebrado y reverenciado. Los israelitas florecieron durante cientos de años, pero para la época de Jocabed y Miriam, este éxito estaba visto como una amenaza para el liderazgo egipcio.

Estos son los nombres de los hijos de Israel que, acompañados de sus familias, llegaron con Jacob a Egipto: Rubén, Simeón, Leví, Judá, Isacar, Zabulón, Benjamín, Dan, Neftalí, Gad y Aser. En total, los descendientes de Jacob eran setenta. José ya estaba en Egipto. Murieron José y sus hermanos y toda aquella generación. Sin embargo, los israelitas tuvieron muchos hijos, y a tal grado se multiplicaron que fueron haciéndose más y más poderosos. El país se fue llenando de ellos.

Pero llegó al poder en Egipto otro rey que no había conocido a José, y le dijo a su pueblo: "¡Cuidado con los israelitas, que ya son más fuertes y numerosos que nosotros! Vamos a tener que manejarlos con mucha astucia; de lo contrario, seguirán aumentando y, si estalla una guerra, se unirán a nuestros enemigos, nos combatirán y se irán del país".

Fue así como los egipcios pusieron capataces para que oprimieran a los israelitas. Les impusieron trabajos forzados, tales como los de edificar para el Faraón las ciudades de almacenaje Pitón y Ramsés. Pero cuanto más los oprimían, más se multiplicaban y se extendían, de modo que los egipcios llegaron a tenerles miedo; por eso les imponían trabajos pesados y los trataban con crueldad. Les amargaban la vida obligándolos a hacer mezcla y ladrillos, y todas las labores del campo. En todos los trabajos de esclavos que los israelitas realizaban, los egipcios los trataban con crueldad (Éxodo 1:8-14).

La integridad y humildad de José, que habían salvado al pueblo egipcio, ahora no eran más que un recuerdo lejano, y la realidad para Jocabed y Miriam era una esclavitud brutal y cero libertad. El pueblo de Israel había pasado de ser un enorme grupo de invitados honorables en Egipto a extranjeros molestos y luego forasteros esclavizados. Pero como veremos, la historia de José y la historia de Moisés tienen más que un par de similitudes.

Podemos ver que en medio de esta angustiante existencia los israelitas se multiplicaban tan rápidamente que el Faraón ideó un plan sanguinario. Llamó a las parteras hebreas y les dijo con toda claridad: si una mujer hebrea daba a luz a una niña, podían dejarla vivir; pero debían matarlo si llegaba un niño. Es posible que las parteras puedan haberles mentido a las madres, y en ese mundo de alta mortalidad infantil, la muerte accidental de un recién nacido podría haber sido creíble. El plan del Faraón, por toda su maldad diabólica, era sólido. Pero estas mujeres de valor decidieron no obedecerlo.

Sin embargo, las parteras temían a Dios, así que no siguieron las órdenes del rey de Egipto, sino que dejaron con vida a los varones (Éxodo 1:17).

Por cierto, el Faraón se dio cuenta de que las hebreas seguían teniendo bebés varones, y que vivían. Y exigió una explicación.

Las parteras respondieron: "Resulta que las hebreas no son como las egipcias, sino que están llenas de vida y dan a luz antes de que lleguemos". De este modo los israelitas se hicieron más fuertes y más numerosos. Además, Dios trató muy bien a las parteras (Éxodo 1:19-20).

Entonces el Faraón pasó al plan B. Ordenó que todo hijo varón recién nacido de una familia hebrea fuera lanzado al río Nilo.

Es demasiado doloroso imaginarse el espanto de lanzar al río a un bebé recién nacido para que se ahogue, sin excepción, sin esperanza. Imagínate ser una madre hebrea, esperando el día del nacimiento de tu hijo, sabiendo que una niña viviría (aunque probablemente en una esclavitud o servidumbre de por vida) y que un niño moriría. Fue en este oscuro mundo en que Jocabed quedó embarazada de Moisés. Imagino las conversaciones que puede haber tenido con la joven Miriam sobre su embarazo y el peligro que el bebé en desarrollo podría enfrentar. Aunque vivía en una cultura de opresión, pobreza y temor, Jocabed tenía una familia. Hay algo muy esperanzador sobre el hecho de que el pueblo hebreo continuaba creciendo a pesar de la casi constante persecución. A menudo, vemos que cuando el pueblo de Dios se encuentra en el crisol del sufrimiento, crece; crece en un mayor compromiso y a menudo en número.

Cuando Jocabed dio a luz a Moisés, las Escrituras dejan en claro que él era especial. Éxodo 2:2 nos dice que ella "vio que era hermoso" (PDT). Aquí desentrañaremos dos cosas. En primer lugar, la palabra original para *vio* indica algo más complejo. Jocabed tuvo una percepción más profunda —posiblemente una visión— acerca del niño que acababa de alumbrar. Era algo más que tan solo observar a su precioso bebé con adoración. En cuanto a la palabra *hermoso*, vemos el concepto repetido en las referencias que hace el Nuevo Testamento sobre Moisés: "En aquel tiempo nació Moisés, y fue agradable a los ojos de Dios" (Hechos 7:20) y "porque vieron que era un niño precioso" (Hebreos11:23).

La visión profética del gran destino de un niño sucede una y otra vez en la Biblia. José era especial porque fue el primer niño de la anteriormente estéril Raquel. Pero José también tuvo una visión profética de su futuro. Parece que esta cariñosa esclava Jocabed pudo vislumbrar un panorama divino similar sobre su bebé, lo cual la llenó de valentía. No solo reconoció que su hijo era único, sino que esa percepción también le dio las fuerzas para oponerse a la orden de quitarle la vida. En cambio, lo escondió durante tres meses.

Esta madre era valiente *y* habilidosa. Cuando se dio cuenta de que ya no podría ocultar a Moisés, revistió una canasta con asfalto y brea, básicamente creó un arca para el bebé. Ideó un plan y utilizó los recursos que tenía. Colocó la canasta entre los juncos a la orilla del río Nilo; el mismo lugar donde se le había ordenado que llevara al niño a morir. Ella sabía que Moisés tenía un destino especial, así que, para darle la oportunidad de vivir, Jocabed dejó ir a su hijo. La palabra para esta canasta es la misma que se utiliza para describir el arca de Noé en Génesis 6. ¡Qué sorprendente paralelismo! En ambas situaciones, el agua podía destruir y quitar la vida, y en ambas historias vemos la provisión de Dios para la supervivencia a través de estas exclusivas naves. En ambos casos, las manos humanas trabajaron para moldear el medio de escape de Dios: preservar a su pueblo para los futuros grandes planes.

Luego de colocar a Moisés en el "arca" de Jocabed y dejarla en la orilla del Nilo, su hija Miriam —la hermana mayor de Moisés— se quedó a lo lejos para observar mientras Dios proveía el milagro.

En eso, la hija del Faraón bajó a bañarse en el Nilo. Sus doncellas, mientras tanto, se paseaban por la orilla del río. De pronto la hija del Faraón vio la cesta entre los juncos, y ordenó a una de sus esclavas que fuera por ella. Cuando la hija del Faraón abrió la cesta y vio allí dentro un niño que lloraba, le tuvo compasión y exclamó:—¡Es un niño hebreo! (Éxodo 2:5-6).

Cualquiera que haya sido el edicto que el Faraón hubiese establecido para la destrucción de los niños hebreos, parece, en cambio, que el corazón de su hija estaba lleno de compasión. ¡Y Miriam estaba allí para aprovechar esa bondad!

Entonces su hermana dijo a la hija de Faraón: ¿Iré a llamarte una nodriza de las hebreas, para que te críe este niño? Y la hija de Faraón respondió: Ve. Entonces fue la doncella, y llamó a la madre del niño, a la cual dijo la hija de Faraón: Lleva a este niño y críamelo, y yo te lo pagaré. Y la mujer tomó al niño y lo crio (Éxodo 2:7-9, RVR60).

En esta escena, Miriam hizo dos cosas increíblemente audaces. Primero, dio un paso al frente y se dirigió a la hija del Faraón: una niña poniéndose justo delante de una de las personas más poderosas de Egipto. Abandonó la seguridad de su escondite. Podría haberse quedado oculta, y luego, cuando ya no hubiese quedado nadie en la costa, haber corrido hacia su madre para contarle la buena noticia. Ese hubiera sido un final feliz. Pero Miriam no hizo eso. Sino que hizo un segundo acto de valentía: habló y ofreció una solución que podría haber dejado expuesto el secreto de su familia o darle más tiempo con ese vulnerable bebé.

Es impresionante pensar en los riesgos que corrió Miriam. Debe haber observado a la princesa el tiempo suficiente como para estar considerablemente segura de que no haría ninguna pregunta incómoda sobre cómo el bebé había terminado allí en el Nilo, pero aun así era un riesgo. ¿Qué hubiese sucedido si sometían a su madre a un interrogatorio sobre el bebé? ¿O si se lo hacían a la misma Miriam? Aparentemente, Miriam no se detuvo a pensar en nada de eso. Vio una manera de reunir a su hermano menor con su devota madre, mantener al bebé a salvo y a la familia unida. Qué paradoja que el plan del Faraón fuera someter al pueblo hebreo mediante la matanza de sus hijos varones, y resulta que un grupo de mujeres frustró su plan. Jocabed peleó para salvar a su hijo. Miriam valientemente dio un paso adelante para protegerlo. ¡Y luego la propia hija del Faraón tuvo compasión de él y le perdonó la vida!

¿Puedes imaginar el llanto, el gozo, y la risa, incluso hasta la danza que debe haber habido en el modesto hogar de Moisés aquella noche? ¿Podría haber habido algún otro lugar en Egipto lleno de mayor gozo que la humilde casa de los esclavos cuyo hijo acababa de serles restituido? La fe y la valentía de este equipo de madre e hija las colocó en el lugar para estar listas para el milagro que Dios realizó. Nosotras, también, a veces, somos llamadas a la acción de una manera que podría parecer extraña para el mundo que nos rodea. Si estamos haciendo la voluntad de Dios, entonces podemos confiar en su guía como nos muestra el ejemplo de los padres de Moisés. Tenían tanta confianza en el favor de Dios sobre su hijo que "no tuvieron miedo del edicto del rey" (Hebreos 11:23). ¡En qué hermoso lugar nos encontramos cuando descansamos en el conocimiento de que Dios tiene la situación firmemente en sus manos!

Jocabed, luego de haber actuado en fe y obediencia, tuvo la bendición de criar a su propio hijo en lugar de llorar su muerte. De acuerdo a las costumbres de la época, es probable que lo haya cuidado y alimentado al menos por dos o tres años. Piensa en la sabiduría y el conocimiento que derramó en este pequeño niño, al arraigarlo fuertemente en los caminos, tradiciones y creencias del pueblo hebreo. Desde el principio, Dios estuvo escribiendo el guion de la historia de Moisés, al equiparlo y prepararlo a fin de estar extraordinariamente calificado y posicionado para salvar a toda la nación de Israel. La vida de Jocabed es un ejemplo perfecto del impacto y la importancia eterna de la maternidad. La base espiritual que sentó durante los años de formación de su hijo marcarían la diferencia décadas más tarde, cuando Moisés luchó contra el llamado de Dios para su vida, y que finalmente siguió. Esta madre también crio a Miriam, que se convirtió en una líder y profetisa entre su pueblo, y a Aarón, que fue el fundador del sacerdocio de Israel. Su casa debe haber estado llena de una profunda reverencia y compromiso hacia el Dios de sus padres. Juntos, este trío de hermanos lideraría a su pueblo hacia la libertad bajo la dirección y la protección de Dios.

Después de que Jocabed tuviese la milagrosa oportunidad de criar a su pequeño hijo, se lo llevó a la hija del Faraón. No sabemos cómo lo llamó Jocabed, pero su madre adoptiva le dio el nombre de Moisés al decir: "¡Yo lo saqué del río!" (Éxodo 2:10). Y debido a que Dios siempre está haciendo lo inesperado, esta no es la historia de un joven príncipe criado como esclavo, sino de un esclavo criado como un joven príncipe. Dios promovió al pequeño niño nacido en esclavitud a un palacio. Cuando Jocabed se acostaba en la cama por la noche soñando un final feliz para su amado bebé, ¿podría haberse imaginado este fenómeno? ¡Quizá así lo hizo! Sabemos que vio algo excepcional en su hijo recién nacido, lo suficiente como para hacerla ser tan valiente y desobedecer la orden del Faraón de matarlo. Tal vez la fe de Jocabed la mantuvo a flote con la seguridad de que Dios protegería y prepararía al niño para cosas grandes en el futuro.

Las madres a lo largo de los años han orado por sus hijos, pidiéndole a Dios que los proteja y los guíe. Muy pocas hubieran imaginado que sus tres hijos crecerían para guiar a una nación, pero eso fue exactamente lo que sucedió con la familia de Jocabed.

Pero también es fundamental recordar a Moisés, el hombre que sacó a Israel de la esclavitud de Egipto, que pasó décadas escapando de su máximo destino de una manera que rompería el corazón de cualquier madre. La tragedia comenzó cuando Moisés intentó ser el salvador de su pueblo demasiado pronto. No sabemos mucho acerca de los años que creció como parte de la familia del Faraón, pero sí sabemos que claramente se identificaba con sus hermanas y hermanos hebreos cuando se trataba de sus continuas peleas. Lo que no queda claro es cómo ellos lo veían a él. Había crecido en el palacio del enemigo. ¿Acaso Moisés tenía una idea demasiado confiada de su rol como el potencial "salvador" de un pueblo al que quizá no había comprendido verdaderamente ni con el que se había identificado por completo? En Éxodo 2, no solo lo vemos observar las durísimas condiciones de trabajo en las que se encontraban los hebreos, sino también ser testigo de algo aún más atroz, y cometer un crimen.

Un día, cuando ya Moisés era mayor de edad, fue a ver a sus hermanos de sangre y pudo observar sus penurias. De pronto, vio que un egipcio golpeaba a uno de sus hermanos, es decir, a un hebreo. Miró entonces a uno y otro lado y, al no ver a nadie, mató al egipcio y lo escondió en la arena. Al día siguiente volvió a salir y, al ver que dos hebreos peleaban entre sí, le preguntó al culpable: "¿Por qué golpeas a tu compañero?". "¿Y quién te nombró a ti gobernante y juez sobre nosotros?", respondió aquel. "¿Acaso piensas matarme a mí, como mataste al egipcio?" (Éxodo 2:11-14).

El deseo de Moisés por salvar a su pueblo era entendible. Después de cientos de años, las aventuras de José deben de haberse convertido en la típica leyenda de un pueblo esclavo, la clase de historia que cuentas alrededor de una fogata por la noche para asombrar a los niños. Para Moisés, un esclavo promovido a príncipe, ¡probablemente parecía un reflejo de su propia vida! Ciertamente sentía como si Dios lo hubiese colocado en la posición ideal para salvar a Israel de ese trato violento. Pero los planes de Dios eran bastante diferentes. No podemos saber qué pasó por la cabeza de Moisés cuando mató a ese egipcio, pero debe haber sido un golpe devastador darse cuenta de que no solo su pueblo no le correspondía —no lo aceptaba como líder— sino que su crimen era el objeto del chismerío. Había sido traicionado por el pueblo que veía como propio. En un instante, sus privilegios —y su futuro aparentemente brillante— le fueron despojados.

Al igual que José "el soñador", a Moisés estaban a punto de arrancarlo de lo que parecía ser un destino establecido. Dios estaba enviando a su elegido al desierto, donde sería preparado para un rol que no esperaba en lo absoluto.

Esto debe haber sido devastador para Jocabed. Al igual que María lloró por Jesús, la madre de Moisés se debe haber sentido destrozada por el exilio de su hijo. Moisés, el hijo de Jocabed, el mismo que contempló después de su nacimiento con la certeza de un destino privilegiado, ahora era un asesino que pronto estaría prófugo. Su pecado no era un secreto, y el Faraón estaba tan furioso que se nos dice que "trató de matar a Moisés" (Éxodo 2:15). Moisés partió, lleno de muchas razones para abandonar Egipto para siempre. Durante décadas, siguiendo su decisión de huir, formó una vida en el desierto, lejos de la vida real que había disfrutado y de la grave situación del oprimido pueblo hebreo.

Seguramente, Jocabed escuchó lo que había sucedido con su hijo: que era culpable de quitarle la vida a un hombre. ¿Acaso se preguntó qué papel jugaba esta situación dentro de los planes que Dios tenía para él? Me la imagino orando por su hijo durante todos los años que fue educado y criado en el palacio. Tendría sentido que continuara orando mientras él estaba prófugo, lejos de casa, formando una vida completamente diferente de la que ella probablemente jamás se hubiera imaginado.

Conozco muchas mujeres que comenzaron a orar por sus hijos mucho antes de siquiera estar embarazadas, y le pidieron a Dios que los acercase a él y los protegiese. Cuando yo estaba en la universidad, solía salir en vuelos de entrenamiento con un amigo que estaba sumando horas de vuelo como piloto. Era un avión pequeño, y los viajes eran cortos. Para mí era una oportunidad fantástica, pero recuerdo que mi mamá me solía decir: "¡No me digas adónde vas; tan solo avísame cuando estés a salvo sobre el suelo!". Pero yo *quería* que mi mamá lo supiera de antemano. ¿Por qué? Porque era una auténtica guerrera, y yo sabía que ella siempre cubría mis aventuras en oración. ¿Cuántas madres allí afuera han pasado las noches en vela intercediendo por un hijo que se ha extraviado?

La oración del justo es poderosa y eficaz (Santiago 5:16).

Y qué hermoso es cuando todas esas oraciones y las bases que sentaron las madres en esos hijos finalmente los traen de regreso a casa.

Instruye al niño en el camino correcto, y aun en su vejez no lo abandonará (Proverbios 22:6).

Eso es exactamente lo que sucedió con Moisés, pero no sin que él corriera hacia la dirección opuesta al destino que Jocabed vio para él desde los primeros días de vida.

Mientras Moisés escapaba a toda velocidad de su pasado, su pueblo —aquellos a quienes había dejado atrás— estaba desesperado por un futuro diferente.

Los israelitas, sin embargo, seguían lamentando su condición de esclavos y clamaban pidiendo ayuda. Sus gritos desesperados llegaron a oídos de Dios (Éxodo 2:23).

El libro de Éxodo nos dice que Dios escuchó sus plegarias y recordó el pacto que había hecho con Abraham, Isaac y Jacob. Y que estaba a punto de reclutar a un Moisés muy poco dispuesto para que liberase a los israelitas. Anteriormente, Moisés quiso ser un salvador guerrero, liberar a su pueblo por la fuerza de su mano. Pero al igual que José, tuvo que experimentar un período de sufrimiento —un período de "desierto"— en el que tuvo que confiar en Dios y edificar una nueva vida antes de tener la oportunidad de ser el libertador de su gente. Debe haber pensado que sería como José al principio: un líder majestuoso, quizá, el segundo al mando después del Faraón como lo fue José, pero su juventud privilegiada era casi como un relato en la dirección incorrecta. Quien se enfrentaría al poderío de Egipto sería un Moisés de edad avanzada, curtido por los años por su labor como pastor, con su juvenil confianza en sí mismo hecha polvo; y lo haría con sus palabras.

Seguramente has escuchado la manera en que Dios llamó la atención de Moisés: con una zarza ardiendo en el desierto, algo a lo que creo que prestaríamos atención. Observa mientras Dios explica su plan:

> Pero el Señor siguió diciendo: "Ciertamente he visto la opresión que sufre mi pueblo en Egipto. Los he escuchado quejarse de sus capataces, y conozco bien sus penurias. Así que he descendido para librarlos del poder de los egipcios y sacarlos de ese país, para llevarlos a una tierra buena y espaciosa, tierra donde abundan la leche y la miel. Me refiero al país de los cananeos, hititas, amorreos, ferezeos, heveos y jebuseos. Han llegado a mis oídos los gritos desesperados de los israelitas, y he visto también cómo los oprimen los egipcios" (Éxodo 3:7-9).

Muy bien, debe haber pensado Moisés, *pero ¿qué tiene que ver todo esto conmigo exactamente?* En ese momento, ya estaba escondiendo el rostro de temor. Luego, el favor especial que su madre, Jocabed, había visto décadas antes, y que la hizo estar tan segura sobre él al punto de desafiar al rey, comenzó a desplegarse.

> Así que dispone a partir. Voy a enviarte al Faraón para que saques de Egipto a los israelitas, que son mi pueblo (Éxodo 3:10).

¿Perdón? Mucho después de que Moisés huyera lleno de culpa y temor, Dios le estaba pidiendo que regresara a la escena del crimen. No solo eso: también estaría a cargo de sacar a toda la población hebrea de Egipto.

Pero Moisés le dijo a Dios: "¿Y quién soy yo para presentarme ante el Faraón y sacar de Egipto a los israelitas?" (Éxodo 3:11).

¡Aquí es donde se pone bueno! Cada vez que Dios nos ordena llevar a cabo una tarea aparentemente imposible, podemos descansar en el conocimiento de que Él es quien en realidad va a realizar el trabajo.

"Yo estaré contigo", le respondió Dios. "Y te voy a dar una señal de que soy yo quien te envía: Cuando hayas sacado de Egipto a mi pueblo, todos ustedes me rendirán culto en esta montaña" (Éxodo 3:12).

Moisés no estaba muy convencido.

Pero Moisés insistió: "Supongamos que me presento ante los israelitas y les digo: 'El Dios de sus antepasados me ha enviado a ustedes'. ¿Qué les respondo si me preguntan: '¿Y cómo se llama?'?" (Éxodo 3:13).

Moisés aún recordaba que su pueblo lo había rechazado. Seguía siendo el mismo niño solitario, solo que ahora ya no tenía los privilegios de su niñez egipcia para protegerlo de que los hebreos le dieran la espalda. En mi cabeza, escucho la próxima parte con una voz del cielo estruendosa y ensordecedora.

"Yo soy el que soy", respondió Dios a Moisés. "Y esto es lo que tienes que decirles a los israelitas: 'Yo soy me ha enviado a ustedes'" (Éxodo 3:14).

El Dios Todopoderoso no estaba perdiendo el tiempo. Ese niño especial que Jocabed sostuvo en brazos ochenta años atrás estaba a punto de cumplir su destino, se sintiera preparado o no. Dios le dio a Moisés instrucciones específicas y exactas de qué decir y a quién hablar. Le dijo que reuniera a los ancianos de Israel y les hiciera saber que Dios había estado velando por ellos durante su miseria; y que estaban por suceder cosas buenas. El Señor le aseguró a Moisés que los ancianos lo escucharían, pero no era la única tarea oral que tendría que hacer. Le ordenó a Moisés que se presentara directamente ante el rey de Egipto y le exigiera que dejara ir a los israelitas. Incluso después de que Dios le mostrara las increíbles señales y maravillas que él sería capaz de hacer para convencer a los incrédulos, ¡Moisés mismo seguía sin poder creerlo!

"Señor, yo nunca me he distinguido por mi facilidad de palabra", objetó Moisés. "Y esto no es algo que haya comenzado ayer ni anteayer, ni hoy que te diriges a este servidor tuyo. Francamente, me cuesta mucho trabajo hablar". "¿Y quién le puso la boca al hombre?", le respondió el Señor. "¿Acaso no soy yo, el Señor, quien lo hace sordo o mudo, quien le da la vista o se la quita? Anda, ponte en marcha, que yo te ayudaré a hablar y te diré lo que debas decir". "Señor", insistió Moisés, "te ruego que envíes a alguna otra persona" (Éxodo 4:10-13).

Es fácil, ¿no es cierto?, juzgar a Moisés. ¿A quién se le ocurre luego de haber estado cara a cara con Dios, haber visto milagros y tener todo su respaldo, decir: *no, gracias*? ¡Pero sé que yo misma lo hubiese hecho! Dios no estaba contento, pero le recordó sobre su elocuente hermano, Aarón. Sí, uno más del trío de campeones que Jocabed crio. Dios le dijo a Moisés: "Yo los ayudaré a hablar, a ti y a él, y les enseñaré lo que tienen que hacer" (Éxodo 4:15).

Lo que continua en los siguientes capítulos es un viaje en una montaña rusa de tragedias y triunfos. Juntos, los hermanos confrontaron al Faraón mientras Dios derramaba su juicio sobre los egipcios una y otra vez. Cuando los israelitas por fin salieron precipitadamente de Egipto, como consecuencia de los increíbles milagros y la inconfundible intervención divina, hubo una enorme celebración al mismo tiempo que el Mar Rojo se abría en dos para que ellos caminaran en seco. Esas aguas, luego, tragaron a todo el ejército egipcio que los había estado persiguiendo. Y es en ese momento en que vemos a otro miembro del trío de hermanos junto a ellos una vez más.

Entonces Miriam la profetisa, hermana de Aarón, tomó una pandereta, y mientras todas las mujeres la seguían danzando y tocando panderetas, Miriam les cantaba así: "Canten al Señor, que se ha coronado de triunfo arrojando al mar caballos y jinetes" (Éxodo 15:20-21).

La valiente niña se había convertido en una líder y profetisa que hizo historia. La sabia hermana que vimos conducir con destreza a su indefenso hermano hacia la seguridad creció para ser la voz de profecía y de guía de Dios para su pueblo.

Vez tras vez, vemos que Dios pone de relieve a las mujeres y sus roles para llevar a cabo sus planes. Jocabed es un modelo de fe para nosotras. Fue una mujer tan sintonizada con Dios que fue capaz de ver una visión extraordinaria para su hijo. Esa confianza en Dios le dio una valentía santa para desafiar la orden homicida de un rey malvado. Usó lo que tenía y entregó a su precioso bebé para los planes de Dios. Puede ser difícil para nosotras rendir nuestros seres queridos a Dios, y Jocabed lo hizo más de una vez.

Recuerdo la emoción que sentí cuando llegué a la universidad como una novata de diecisiete años; era tanta la emoción que pasé las primeras dos semanas sin siquiera llamar a mi casa. Creo que mi mamá estaba tratando de darme espacio, pero finalmente no aguantó más y me llamó, y me hizo saber con claridad que esperaba que su niñita diera señales de vida con más frecuencia. Pasé el último año de secundaria deseando desplegar las alas, enfrentándome con frecuencia a la santa de mi madre. Pero la verdad era que perdí muchas horas en el campus de la Liberty University temiendo lo peor. Mis padres estaban en Florida, a más de doce horas en auto, y al menos una o dos conexiones en avión. Algunas noches me quedaba despierta acostada en la cama y me preguntaba cuán rápido podría llegar a casa en caso de que algo les sucediese. Me ocupaba una gran cantidad de espacio mental, pero finalmente me di cuenta de que no era saludable. Dios nunca quiere que atesoremos sus dones más que Él, el dador de esos dones. Es algo que tengo que recordarme a mí misma regularmente, ¿y qué mejor ejemplo que Jocabed?

¿Qué es lo que tenemos que dejar en un arca y soltar en el Nilo? ¿Son acaso las redes sociales, el cultivar la impresión de una vida perfecta? Tal vez sea el buscar una relación que no tiene que ser, o perseguir dinero o logros profesionales. Quizá es la seguridad de la posición que tienes en la iglesia o los premios que ganan tus hijos. Puede ser la forma en que juzgas a alguien más o el duro diálogo interno que te desgarra desde adentro. Ninguna de nosotras es inmune. Personalmente, a menudo tengo que hacer un control de la realidad de lo que —o de quién— podría estar poniendo por encima de Dios. Así que comprometámonos a dejar todo eso en la canasta y lanzarlo. Podemos confiar en que el Señor va a honrar nuestro sacrificio.

Padre celestial, concédenos la entereza para amarte y confiar en ti de la misma manera en que lo hicieron Jocabed y Miriam. Ayúdanos a dedicar nuestra vida a tu voluntad, al saber que solo tú buscas en las profundidades de nuestro corazón y conoces con certeza la inyección de valentía que necesitamos para seguirte. Ayúdanos a aspirar la salida de la oscuridad cuando nuestros ojos no ven nada, y que nuestro amor sea una luz y un lugar de refugio para todos los que lo necesiten.

Preguntas de estudio sobre Jocabed y Miriam

1. ¿Qué arriesgó Jocabed para salvar a Moisés, y por qué estuvo dispuesta a hacerlo? (Éxodo 2:2; Hechos 7:20; Hebreos 11:23) ¿Crees que Dios le puede dar a una madre una visión capaz de ver más allá de lo que los ojos humanos pueden ver a simple vista? ¿De qué manera eso puede impulsar la forma en que ora y guía a su hijo?

2. ¿Qué sentimientos crees que experimentó Jocabed cuando fue el momento de entregar a Moisés a la hija del Faraón? ¿Alguna vez te pidió Dios que sueltes a alguien —o algo— que amabas mucho en pos de sus planes? ¿Cuál es tu razonamiento en este tipo de decisiones?

3. Durante años, Moisés fue un fugitivo, permaneció lejos de su familia y estuvo luchando con el lugar que Dios había planeado para él. ¿Alguna vez has huido de algo que Dios te llamó hacer? ¿Qué sabemos de la capacidad de Dios para equiparnos para cumplir cuando nos pide dar un paso de fe? (Éxodo 3, 4). ¿Alguna vez intentaste disuadir a Dios de algo? ¿Finalmente viste cómo los planes de Dios eran mejores que los tuyos?

4. ¿Alguna vez has visto a un hijo o a un ser amado salirse del camino? ¿De qué manera oras por ellos o los aconsejas mientras esperas y anhelas su regreso?

5. Miriam, Aarón y Moisés fueron los líderes clave de la salida de Israel de la esclavitud. ¿Qué nos muestra acerca de Jocabed el hecho de que haya criado a estos tres her-

manos quienes finalmente encontraron la manera de conectarse entre ellos para llevar a cabo los milagros de Dios? Tenían defectos y demostraron que la rivalidad entre hermanos estaba viva en los tiempos bíblicos (Números 12). ¿De qué manera su historia ilustra la capacidad de Dios de obrar a través de las personas con defectos?

Rut y Noemí

Noemí, la madre

En *Las mujeres de la Biblia nos hablan*, consideramos la vida de Rut relacionada con la vida de Tamar, otra mujer que sabía lo que era ser una marginada y extraña; alguien a quien la gente despreciaba y hasta quizá de quien se compadecía. Vimos que brotó belleza del lío que armó Tamar cuando Dios redimió sus errores y entretejió su historia en el linaje de Jesucristo. En este libro, observaremos a Rut a través de los lentes de hija y de la relación que edificó con la mujer que se convirtió en su segunda madre, Noemí. Su viaje juntas se inició con un sufrimiento compartido, pero terminó en un profundo gozo y liberación. Comenzó realmente cuando Rut dio un paso de fe, un paso audaz que le llevó lejos de su familia biológica, pero la acercó a las promesas de Dios y a una nueva familia.

Una y otra vez en las Escrituras vemos ejemplos de "familias encontradas". La adopción es un tema que Dios ilustra maravillosamente para nosotros en la Biblia, y nos conduce a la adopción como hijos e hijas de Dios.

Pero, cuando se cumplió el plazo, Dios envió a su Hijo, nacido de una mujer, nacido bajo la ley, para rescatar a los que estaban bajo la ley, a fin de que fuéramos adoptados como hijos (Gálatas 4:4-5).

El lenguaje se entreteje a través del Nuevo Testamento. En Romanos 8:15, Pablo alentó a los nuevos creyentes al recordarles que "habéis recibido el espíritu de adopción" (RVR60). Y, por supuesto, la historia misma de Jesús se trata de la adopción. Era conocido como el hijo de José, pero José era su padre adoptivo; un hombre que aceptó la misión divina que cambió drásticamente su vida y lo llamó a un viaje desafiante. Las Escrituras nos indican que José fue un buen padre para Jesús, lo mantuvo a él (junto a sus medio hermanos y hermanas más pequeños) a salvo en Nazareth, cuidó a su familia y probablemente le haya enseñado todo lo que sabía sobre el oficio de la carpintería y la construcción. Todos los temas de adopción que recorren el Nuevo Testamento poseen sus raíces en las historias de las "familias encontradas" del Antiguo Testamento.

Uno de los ejemplos más bellos que vemos del lazo de una "familia encontrada" en el Antiguo Testamento es la relación entre Rut y su suegra, Noemí. El libro de Rut comienza con la historia de Noemí, la historia de una pérdida desgarradora.

Aconteció en los días que gobernaban los jueces, que hubo hambre en la tierra. Y un varón de Belén de Judá fue a morar en los campos de Moab, él y su mujer, y dos hijos suyos. El nombre de aquel varón era Elimelec, y el de su mujer, Noemí; y los nombres de sus hijos eran Mahlón y Quelión, efrateos de Belén de Judá. Llegaron, pues, a los campos de Moab, y se quedaron allí (Rut 1:1-2, RVR60).

Al igual que innumerables familias antes y después de ellos, Noemí y Elimelec habían huido de su país de origen, Judá, durante una época de hambruna, buscando una vida mejor para ellos y sus hijos. Parece que la encontraron en la tierra cercana de Moab, a unas cincuenta millas de camino. Así que esta familia se encontraba lejos de las costumbres y tradiciones de su propio pueblo, viviendo en una nueva tierra como extranjeros cuando la tragedia los golpeó.

Y murió Elimelec, marido de Noemí, y quedó ella con sus dos hijos, los cuales tomaron para sí mujeres moabitas; el nombre de una era Orfa, y el nombre de la otra, Rut; y habitaron allí unos diez años. Y murieron también los dos, Mahlón y Quelión, quedando así la mujer desamparada de sus dos hijos y de su marido (Rut 1:3-5, RVR).

Noemí, en una tierra extranjera con dos hijos, perdió a su esposo. El dolor de quedar viuda en esos tiempos se agravaba por la devastación de perder el sostén financiero de la familia. Aunque casi toda la estabilidad de Noemí quedó destrozada cuando su esposo falleció, tenía dos hijos. Ambos se habían casado con mujeres moabitas, habían armado una nueva unidad familiar y tenían la posibilidad de darle unos preciosos nietos. La tristeza de Noemí por la pérdida de su esposo tenía consuelo porque tenía a sus hijos, hasta que ya no los tuvo más. Ambos, Mahlón y Quelión, murieron.

De la noche a la mañana, la situación de Noemí se volvió terrible. Tres hombres habían estado a cargo de cerciorarse de que ella estuviera segura y protegida, pero ya no quedaba ninguno. Noemí estaba desprovista. Sin esposo ni hijos, se enfrentaba a la pobreza y a la muerte en Moab. Pero luego, brilló una luz de esperanza: Noemí recibió la noticia de que la situación en su país había mejorado, lo que le dio la posibilidad de regresar a su propia tierra.

Entonces se levantó con sus nueras, y regresó de los campos de Moab; porque oyó en el campo de Moab que Jehová había visitado a su pueblo para darles pan. Salió, pues, del lugar donde había estado, y con ella sus dos nueras, y comenzaron a caminar para volverse a la tierra de Judá. Y Noemí dijo a sus dos nueras: "Andad, volveos cada una a la casa de su madre; Jehová haga con vosotras misericordia, como la habéis hecho con los muertos y conmigo. Os conceda Jehová que halléis descanso, cada una en casa de su marido". (Rut 1:6-9, RVR60).

Aquí vemos algo sobre la fe de Noemí, porque había escuchado "que el Señor había acudido en ayuda de su pueblo al proveerle de alimento" (Rut 1:6). Observa que Noemí atribuyó la recuperación de la hambruna a la acción de Dios. En el centro de la historia, aunque Noemí estaba de duelo, pudo ver la mano de Dios en su propia vida y en la de su pueblo. Así que avanzó con fe: empacó para llevar su corazón cansado y apesadumbrado de vuelta a su gente.

Tanto como Noemí, Orfa y Rut se necesitaban entre ellas, Noemí desinteresadamente dejó de pensar en sus nueras y en la vida que aún podrían tener: una familia completa, hijos y la seguridad de un nuevo matrimonio. Estas tres mujeres habían sufrido mucho juntas, y eso debe haberlas unido profundamente. Es comprensible, entonces, que ninguna de las dos jóvenes quisiese abandonar a Noemí para que se las arreglara por sí misma. La mejor esperanza que Rut y Orfa tenían de una vida próspera —de cualquier vida, en realidad— era quedarse en Moab. ¿Qué posibilidad tendrían acaso estas dos mujeres moabitas de encontrar un esposo en un país donde serían extranjeras e inmigrantes? Para Orfa y Rut, pedir permanecer con Noemí fue un acto de amor extraordinario.

Las acciones de sus nueras dan un indicio de la clase de persona que debe haber sido Noemí, generosa de espíritu y cariñosa, al guiarlas en medio de la devastadora pena y el dolor. Que ambas quisiesen permanecer con ella en su viudez en lugar de regresar con su propia familia indica que Noemí debe haber sido una persona extraordinaria. ¡Orfa y Rut estaban dispuestas a arriesgar su propio futuro, dejar atrás su país natal y su propia familia solo para quedarse con ella!

Con demasiada frecuencia nuestra sociedad nos alimenta con el venenoso relato de la suegra criticona y desagradable, la suegra celosa o controladora, la suegra ruidosa, la suegra hostil. Pero eso no refleja la experiencia de muchas mujeres. Para muchas de nosotras, la madre que adoptamos en el matrimonio se vuelve en una preciada parte de nuestra vida, y en muchos casos se torna tan importante como nuestra propia madre. Ciertamente yo sí gané la lotería de suegras. Jouetta Bream y yo tenemos la cosa más importante en común: la fe en Cristo y un amor inquebrantable por su hijo, Sheldon. ¡Pero no podríamos ser más diferentes como personas! Ella puede preparar rápidamente un banquete para treinta personas en una tarde sin siquiera ojear un libro de cocina, y yo puedo... bueno, hervir el agua. Ella crio a seis hijos y lo hizo parecer fácil. ¡Yo lucho por mantener controlado a nuestro perro labrador, Biscuit!

Recuerdo cuando recién nos habíamos casado, cuando yo era una joven abogada que me sentía abrumada y trabajaba sin descanso. Mientras hablábamos por teléfono, cada tanto me preguntaba mi suegra qué estaba preparando para cenar. Me sentía atacada porque todos sabían que Sheldon no se había casado conmigo por mis dotes culinarias, hasta que me di cuenta de que tan solo intentaba tener una conversación con su nuera y no señalar mi falta de talentos domésticos. Creamos vínculos alrededor de lo que compartíamos en común: el amor por Jesús, películas navideñas, libros, dulces, *su* comida y ese hijo maravilloso que tiene.

¡Qué gozo debe haber sentido Noemí, madre de dos muchachos, cuando recibió en la familia a sus dos hijas! La palabra hebrea para nuera es *kallah*, y es una palabra complicada. A veces se traduce como "novia", y se utiliza en el sentido de la metáfora romántica del Cantar de los Cantares. Pero la raíz de la palabra *kallah* es *kalal*, que significa "perfeccionado" o "hecho completo". Una nuera no es tan solo una novia para el hijo, sino que se suma a toda la unidad familiar. Las nueras de Noemí eran su familia, y para ella, dejarlas en Moab sería también dejar una parte de su corazón.

En la conmovedora y hermosa escena de la despedida de Noemí, podemos ver la unión familiar que estas tres mujeres habían forjado en el dolor compartido y el afecto mutuo. Debido a que amaba a sus nueras, no estaba dispuesta a dejarlas que se sacrificaran de esta manera. Las instó a volver (Rut 1:8), y resaltó la orden al decirles que regresaran a su casa: la casa de su madre biológica, no de la madre que habían adoptado. *Vuelvan a empezar con su vida*, les estaba diciendo. *Regresen a casa y vuelvan a casarse. Venir conmigo no tiene sentido.*

Pero Orfa y Rut se negaron a escucharla.

"Que el Señor les conceda hallar seguridad en un nuevo hogar, al lado de un nuevo esposo". Luego las besó. Pero ellas, deshechas en llanto, exclamaron: "¡No! Nosotras volveremos contigo a tu pueblo". "¡Vuelvan a su casa, hijas mías!", insistió Noemí. "¿Para qué se van a ir conmigo? ¿Acaso voy a tener más hijos que pudieran casarse con ustedes? ¡Vuelvan a su casa, hijas mías! ¡Váyanse! Yo soy demasiado vieja para volver a casarme. Aun si abrigara esa esperanza, y esta misma noche me casara y llegara a tener hijos, ¿los esperarían ustedes hasta que crecieran? ¿Y por ellos se quedarían sin casarse? ¡No, hijas mías! Mi amargura es mayor que la de ustedes; ¡la mano del Señor se ha levantado contra mí!" (Rut 1:9-13).

Noemí era clara: no había nada para Orfa y Rut en el camino que estaba a punto de tomar. Hay un juego de palabras en el versículo 13, porque el nombre de Noemí significa "dulce" o "agradable". Es lo opuesto a "amargura" (*mara*), y estaba siendo sincera con ellas con respecto a que en su tierra natal solo les esperaba amargura.

Aquí también vemos la generosidad de Noemí. Ella tenía por delante un viaje largo, difícil y peligroso, y hubiese tenido sentido llevar a las jóvenes con ella para hacerle compañía y darle seguridad. Ciertamente, Noemí no se hubiese sentido tan sola ni con tanto temor con su compañía. Es difícil para nosotras imaginar los riesgos que corría una mujer que viajaba sola en esos tiempos. Para la mayoría de nosotras, un viaje poco agradable significa un niño pequeño aburrido o una larga línea de control de seguridad en el aeropuerto. Noemí estaría arriesgando algo completamente diferente. El viaje hubiese sido un desafío, incluso acompañada por un hombre que la protegiera, pero una mujer sola habría estado expuesta de una manera totalmente distinta. Sin embargo, Noemí no pidió, y ni siquiera aceptó, la ayuda de Orfa y Rut.

En cambio, hizo la elección desinteresada de alejarlas. Y las órdenes de Noemí se obedecían... casi siempre.

Una vez más alzaron la voz, deshechas en llanto. Luego Orfa se despidió de su suegra con un beso, pero Rut se aferró a ella. "Mira", dijo Noemí, "tu cuñada se vuelve a su pueblo y a sus dioses. Vuélvete con ella". Pero Rut respondió: "¡No insistas en que te abandone o en que me separe de ti! Porque iré adonde tú vayas, y viviré donde tú vivas. Tu pueblo será mi pueblo, y tu Dios será mi Dios. Moriré donde tú mueras, y allí seré sepultada. ¡Que me castigue el Señor con toda severidad si me separa de ti algo que no sea la muerte!". Al ver Noemí que Rut estaba tan decidida a acompañarla, no le insistió más (Rut 1:14-18).

Aunque Noemí la instó a regresar, Rut se negó. Muchas personas miran este pasaje como un hermoso ejemplo de amor terrenal, y están en lo cierto. Pero, ¿y si lo miramos de otra manera, como un modelo de evangelismo? Noemí fue la primera persona en esta historia en hablar acerca del Señor, y eso se volvió un tema constante en la relación entre Noemí y Rut. Le recordó a su nuera que regresar a su casa significaría volver "a su pueblo y a sus dioses" (Rut 1:15), pero Rut fue persistente. Quería ir con Noemí, y quería adorar al Dios de Noemí. En el antiguo Cercano Oriente, la religión estaba muy ligada a la nacionalidad y a la cultura de los pueblos. Rut deliberadamente estaba dejando atrás todo y claramente estaba eligiendo alinearse con el Dios de Noemí y de su pueblo.

Con frecuencia, cuando pensamos en evangelizar, suponemos que necesitamos preparar una presentación ordenada, citar versículos bíblicos y puntos complejos de teología para convencer a alguien de que acepte a Cristo. Pero evangelizar no siempre se trata de una presentación pulida o una defensa teológica. A veces, solo se trata de estar con la otra persona, pasar tiempo con ella, entablar una relación, vivir nuestra fe frente a ella y hablar de Dios en las conversaciones normales que surjan. ¡Es fácil ver cómo puede haber sucedido eso mientras Noemí y Rut atravesaban juntas los valles, tanto literal como figurativamente!

La Biblia no nos dice con exactitud por qué Rut eligió abandonar sus dioses y elegir al Dios de Israel, pero aparentemente hubo algo en Noemí que hizo que Rut quisiera seguir a su Dios. Quizá fue la manera en que Noemí confiaba en Él incluso en los momentos difíciles, o tal vez Rut la había observado adorar al Señor y se dio cuenta de que había algo excepcional en Él. Cualquiera fuera la razón, sabemos que la relación entre ambas era fuerte, y la llevó a seguir al Señor. ¿Y si adoptáramos esto como nuestro modelo de evangelismo: vivir nuestro caminar con el Señor de una manera en que nuestra vida esté constantemente comunicando su esperanza y verdad? Fue la devoción que tenía hacia Noemí lo que llevó a Rut a hacer una de las declaraciones de amor más grandes de la Biblia: "Tu pueblo será mi pueblo, y tu Dios será mi Dios" (Rut 1:16).

Y esto fue más que una adopción; Rut fue quien eligió abandonar su propio pueblo y su tierra. Luego se convirtió en una hija de Israel, al traer su herencia moabita a la familia de Dios. Fue una herencia que su bisnieto David recordaría más tarde, porque cuando estuvo prófugo del ejército de Saúl, envió a su familia a refugiarse en Moab (1 Samuel 22:3-4). La conversión de Rut es un bello ejemplo de cómo Dios planeaba que Israel influyera en el mundo —cuando le dijo en su promesa a Abraham: "¡por medio de ti serán bendecidas todas las familias de la tierra!" (Génesis 12:3)— y un ejemplo anticipado de la clase de evangelismo que Cristo le ordenaría llevar a cabo a la Iglesia. A partir de este momento, Noemí y Rut ya no fueron tan solo una suegra y su nuera; se volvieron madre e hija. Rut había declarado que el pueblo de Noemí sería el suyo, lo que significaba que ahora ella era su madre, en todo el sentido de la palabra.

Cuando las dos mujeres regresaron a Belén, Rut le pidió permiso para recoger espigas en el campo de Booz, el pariente rico de Noemí. Recoger espigas era un trabajo duro, era el proceso de ir detrás de los que cosechaban los cultivos para poder obtener algo beneficioso que hubiesen dejado atrás.

Noemí tenía, por parte de su esposo, un pariente que se llamaba Booz. Era un hombre rico e influyente de la familia de Elimélec. Y sucedió que Rut la moabita le dijo a Noemí: "Permíteme ir al campo a recoger las espigas que vaya dejando alguien a quien yo le caiga bien". "Anda, hija mía", le respondió su suegra (Rut 2:1-2).

Podemos ver tanto el respeto de Rut hacia la autoridad de Noemí como también la bendición de su suegra sobre su decisión con la frase "hija mía". Las dos estaban llevando una vida juntas como una unidad familiar, por increíblemente desafiante que fuese.

Rut, la hija

En este punto de la historia, el enfoque se mueve hacia Noemí como madre y su plan de supervivencia para ambas. Rut era obediente; era fiel en su buena disposición para cumplir lo que Noemí tenía en mente. Pero antes de examinar ese plan, deberíamos observar un poco más la relación que las dos mujeres tenían con Dios.

En el primer capítulo de la historia, Noemí mencionó el nombre de Dios cinco veces. Bendijo a sus nueras en el nombre del Señor, y les dijo: "Que el Señor las trate a ustedes con el mismo amor y lealtad que ustedes han mostrado con los que murieron y conmigo" (Rut 1:8). Luego oró para que el Señor les concediera prosperidad y un nuevo esposo (Rut 1:9). Finalmente, cuando sus nueras se negaban a dejarla, les que dijo que quedarse a su lado sería un caso perdido porque "la mano del Señor se ha levantado contra mí" (Rut 1:13). Puede ser difícil para nosotras rastrearlo en español, porque solemos pensar que los términos *Dios* y *Señor* son intercambiables en las Escrituras, pero en hebreo son vocablos muy diferentes.

Cuando vemos el nombre *Señor* en el Antiguo Testamento —la mayoría de las veces en letra mayúscula como SEÑOR— no estamos viendo la traducción de la palabra original hebrea sino una sustitución. La palabra que se esconde detrás de "SEÑOR" es el vocablo hebreo que en español se traduce como YHWH, y a veces podemos ver aproximaciones como "Yahvé" o incluso "Jehová". La palabra *Dios* no es específica del pueblo de Israel; después de todo, todas las naciones del mundo tienen dioses, en el sentido de una palabra genérica. Egipto tenía dioses, Canaán tenía dioses, Moab tenía dioses; cada lugar tenía su dios o dioses particulares. Pero el nombre YHWH es el nombre personal del Dios de Israel; un nombre tan santo, tan reverenciado y tan específico que incluso decirlo en voz alta durante siglos llegó a verse como señal de falta de respeto. Esta práctica todavía la llevan a cabo toda clase de judíos devotos en la actualidad, y el nombre personal de Dios se traduce como "Adonai" (que significa "mi señor") o tan solo como "Señor", como en la mayoría de las traducciones cristianas.

¿Por qué es importante? Porque Rut utilizó el nombre específico de Dios —el nombre del Dios de Noemí, del Dios de Israel— cuando le dijo a Noemí que no la abandonaría. Rut ya le había dicho que el Dios de Noemí sería su Dios al usar el nombre genérico de cualquier deidad. Pero luego expresó: "¡Que me castigue el Señor con toda severidad si me separa de ti algo que no sea la muerte!" (Rut 1:17). La palabra que utilizó aquí —Señor— es la palabra YHWH. Invocó el nombre mismo de Dios, como solo un judío devoto lo haría, y al hacerlo, Rut dejó claro que no solo se estaba uniendo a Noemí sino también al pueblo de Israel, como una hija devota tanto de Noemí como del Dios de Israel. Todo esto es importante porque ubica a Dios en el centro de la relación entre ambas mujeres. El amor mutuo entre ellas se profundizó por la fe que llegaron a compartir. No fue la biología lo que unió a este par de madre e hija sino su fe en Yahvé, Dios el Señor; el Dios de sus ancestros, en el caso de Noemí, y la fe de su madre, en el caso de Rut.

Así que la fe estaba en el centro de la relación de esta madre e hija, y la fuerza y el poder de la adopción (de una nueva fe y una nueva familia) están en el centro de esta historia. Con esa fe, estas dos mujeres —solas e indefensas, sin ninguna fuente de ingresos— se encontraron fortalecidas y protegidas. Como creyentes somos injertadas en una familia espiritual, un lugar donde de forma inmediata y eterna se nos une a aquellos que comparten nuestra fe. Deben de haber habido momentos en los que Noemí se preguntó si sus nueras abrazarían su fe o continuarían con los dioses a quienes les habían enseñado a adorar. Mientras estaba parada en el camino de vuelta a Judá, quizá haya pensado: *Oh, muy bien, ya es muy tarde.* Pero ese fue el momento exacto en que Dios entró en escena y capturó el corazón de Rut. El momento que se encuentra justo más allá de la desesperación a menudo es el momento en que Dios actúa; en la vida de Rut y Noemí, en la vida de los discípulos de Jesús y también en la nuestra.

Entonces, ¿qué sucedió cuando Rut y Noemí —unidas primero por matrimonio y luego por fe— se comprometieron una con otra y con su confianza en Dios? Bien, en primer lugar, captaron la atención de un hombre amable y generoso que compartía su fe, y resultó ser también un pariente:

En eso llegó Booz desde Belén y saludó a los segadores: "¡Que el Señor esté con ustedes!". "¡Que el Señor lo bendiga!", respondieron ellos. "¿De quién es esa joven?", preguntó Booz al capataz de sus segadores. "Es una joven moabita que volvió de la tierra de Moab con Noemí", le contestó el capataz. "Ella me rogó que la dejara recoger espigas de entre las gavillas, detrás de los segadores. No ha dejado de trabajar desde esta mañana que entró en el campo, hasta ahora que ha venido a descansar un rato en el cobertizo". Entonces Booz le dijo a Rut: "Escucha, hija mía. No vayas a recoger espigas a otro campo, ni te alejes de aquí; quédate junto a mis criadas, fíjate bien en el campo donde se esté cosechando, y síguelas. Ya les ordené a los criados que no te molesten. Y, cuando tengas sed, ve adonde están las vasijas y bebe del agua que los criados hayan sacado" (Rut 2:4-9).

Lo primero que escuchamos decir a Booz es el nombre de Dios. Saludó a los hombres que trabajaban para él con una bendición, lo que nos demuestra que era una persona que llevaba a Dios consigo en su vida diaria y en el trabajo. Observa también cómo honró a Rut en la manera en que se dirigió a ella. Los hombres de los campos tal vez la hayan marginado como "la joven moabita" (Rut 4:6), pero Booz tenía más conocimiento. Él sabía que Rut era una hija de Israel, y conocía su propia relación a través de Noemí. Como hombre de fe, cumplió la orden de las Escrituras de cuidar del extranjero al extender su generosa hospitalidad sobre ella.

Rut se debe haber sentido sorprendida e interesada en saber por qué Booz era tan amable y protector con ella. Ante esto, inclinó el rostro hacia la tierra y le preguntó: "¿Cómo es que le he caído tan bien a usted, hasta el punto de fijarse en mí, siendo solo una extranjera?" (Rut 2:10).

Booz no vio su pregunta como una oportunidad para jactarse de cuán piadoso era. Sino que puso el foco en Rut, y en la humilde y devota hija que *ella* era.

"Ya me han contado", le respondió Booz, "todo lo que has hecho por tu suegra desde que murió tu esposo; cómo dejaste padre y madre, y la tierra donde naciste, y viniste a vivir con un pueblo que antes no conocías. ¡Que el Señor te recompense por lo que has hecho! Que el Señor, Dios de Israel, bajo cuyas alas has venido a refugiarte, te lo pague con creces" (Rut 2:11-12).

La redacción de esa última frase utiliza la palabra hebrea *kenaphaim*, que se puede encontrar a lo largo de todo el Antiguo Testamento. Retrata la manera en que un pájaro acerca a sus bebés a su lado para protegerlos, tal como Dios lo hace con sus hijos. Rut se encontraba en la misma posición, y expresó su profunda gratitud por la amabilidad de Booz por su participación en el paraguas de la gracia. Después le dio aún más.

"¡Ojalá siga yo siendo de su agrado, mi señor!", contestó ella. "Usted me ha consolado y me ha hablado con cariño, aunque ni siquiera soy como una de sus servidoras". A la hora de comer, Booz le dijo: "Ven acá. Sírvete pan y moja tu bocado en el vinagre". Cuando Rut se sentó con los segadores, Booz le ofreció grano tostado. Ella comió, quedó satisfecha, y hasta le sobró. Después, cuando ella se levantó a recoger espigas, él dio estas órdenes a sus criados: "Aun cuando saque espigas de las gavillas mismas, no la hagan pasar vergüenza. Más bien, dejen caer algunas espigas de los manojos para que ella las recoja, ¡y no la reprendan!" (Rut 2:13-16).

Cuando Rut regresó a su casa esa noche, le contó a Noemí sobre la extraordinaria bondad de este hombre hacia ella: la manera en que le había provisto el alimento (que compartió con Noemí) y en que se había asegurado de que tuviese un abundante sobrante de grano para recoger. Cuando Noemí le preguntó cuál era su nombre, se llenó de alegría al saber que era Booz. De hecho, lo llamó *"nuestro* pariente cercano"* (Rut 2:20), una vez más se aseguraba de que Rut (y las lectoras) entendiesen que ahora era su familia. Una vez más, Noemí invocaba el nombre de Dios como bendición:

"¡Que el Señor lo bendiga!", exclamó Noemí delante de su nuera. "El Señor no ha dejado de mostrar su fiel amor hacia los vivos y los muertos. Ese hombre es nuestro pariente cercano; es uno de los parientes que nos pueden redimir" (Rut 2:20).

La frase que aquí se traduce como "parientes que nos pueden redimir" es muy extraña. A veces verás solo la palabra "pariente". No existe una palabra equivalente en español que traduzca este concepto, pero el sentido es que el pariente más cercano tiene la responsabilidad de ayudar a un miembro de la familia que se encuentra en problemas, principalmente en el contexto de redimir o volver a comprar algo para alguien que está en necesidad. Eran hombres prósperos, financieramente estables con cierta posición en su comunidad. A menudo, este rol se traduce como "redentor". Por supuesto que Noemí y Rut vivían en una época en la que si el pobre no tenía nadie quien lo ayudara, moría de hambre, algo que sucedía con frecuencia. Para evitarlo, la ley judía (Levítico 25:25-55) estableció un sistema de responsabilidades, para que las familias estuviesen obligadas a ayudar a los suyos, incluso a los parientes lejanos.

Las Escrituras hablan mucho sobre el papel del "redentor", y Dios mismo a menudo se identifica en el Antiguo Testamento como el "Redentor", el salvador del pueblo de Israel. Los Salmos hacen referencia a Dios como "roca mía y redentor mío" (Salmo 19:14), y Job al final de todas sus pruebas dijo: "Yo sé que mi redentor vive, y que al final triunfará sobre la muerte" (Job 19:25). Pero cuando hablamos sobre "redentor" en términos legales —la clase de redentor que era Booz— el contexto abarcaba obligación y responsabilidad. *Se esperaba* que Booz hiciera lo correcto con estas mujeres si no había otro pariente cercano que lo hiciese. Llevó esa amabilidad mucho más allá de su obligación, e hizo sentir a Rut aceptada y bienvenida.

Podemos ver la misma devoción en la forma en que Rut protegía y servía a Noemí. Siendo ella misma una viuda, Rut no tenía ninguna obligación de abandonar su propia vida en Moab para proveer a su suegra. De hecho, las expectativas de la sociedad moabita eran justamente lo contrario. Noemí era una extranjera que regresaba a su hogar lejos de las raíces de Rut. Cuando ella obró para "redimir" a su suegra de la pobreza y el abandono, lo hizo solo por amor. Y el compromiso de Noemí con Rut devolvió el sentimiento. Cuando Noemí supo que Rut había estado recogiendo en el campo de Booz, la instó a no alejarse de allí: "Hija mía, te conviene seguir con sus criadas", le dijo Noemí, "para que no se aprovechen de ti en otro campo" (Rut 2:22). Estas dos mujeres estaban dedicadas la una a la otra, estaban unidas por la tristeza y el gozo compartidos, y no por una obligación legal. Sus pueblos no establecían ninguna estructura ni expectativa que les impusiera una obligación entre ellas.

Las Escrituras siempre nos están señalando el máximo Redentor, que nos rescató no por obligación sino por amor incondicional.

En verdad, Dios ha manifestado a toda la humanidad su gracia, la cual trae salvación y nos enseña a rechazar la impiedad y las pasiones mundanas. Así podremos vivir en este mundo con justicia, piedad y dominio propio, mientras aguardamos la bendita esperanza, es decir, la gloriosa venida de nuestro gran Dios y Salvador Jesucristo. *Él se entregó por nosotros para rescatarnos* de toda maldad y purificar para sí un pueblo elegido, dedicado a hacer el bien (Tito 2:11-14, las cursivas son nuestras).

Qué gloriosa muestra de amor. Cristo, perfecto y sin mancha de pecado, vino a la tierra y sufrió un enorme dolor para volver a conquistarnos a cada una de nosotras. No esperó hasta que fuésemos dignas; ¡Él sabía que nunca lo seríamos!

Pero Dios demuestra su amor por nosotros en esto: en que cuando todavía éramos pecadores, Cristo murió por nosotros (Romanos 5:8).

La pobreza y la desesperación de la que Jesús nos redime es nuestra propia deuda de pecado. Su plan de rescate por nosotras no tiene nada que ver con el dinero. Él se entregó a sí mismo. Dios actuó como nuestro Redentor, solamente motivado por su amor por nosotros. Ninguna ley o tribunal le ordenó que pagara un precio por nosotros. La elección de Rut de abrazar seriamente a Noemí y a su pueblo solo por amor es un anuncio perfecto del Antiguo Testamento del extraordinario sacrificio que Cristo demostraría en la cruz siglos más tarde.

Madre e hija juntas: mejor que siete hijos

Entonces, ¿finalmente cómo se desarrolló esta historia que empezó con tanta pérdida y sufrimiento? Noemí y Rut, madre e hija por elección, unidas por bendiciones más allá de lo que podrían haberse imaginado. El instinto maternal de Noemí a favor de Rut era fuerte. ¿Recuerdas la vehemente súplica que le hizo Noemí a la joven viuda para que rehiciese su vida? La atrevida elección de Rut de seguir a su suegra y unirse a su pueblo le llevó a un lugar completamente diferente. Y en esas nuevas circunstancias, Noemí vio un camino para Rut, la abnegada nuera que había abandonado sus propios deseos para protegerla a ella.

Un día su suegra Noemí le dijo: "Hija mía, ¿no debiera yo buscarte un hogar seguro donde no te falte nada? Además,

¿acaso Booz, con cuyas criadas has estado, no es nuestro pariente? Pues bien, él va esta noche a la era para aventar la cebada. Báñate y perfúmate, y ponte tu mejor ropa. Baja luego a la era, pero no dejes que él se dé cuenta de que estás allí hasta que haya terminado de comer y beber. Cuando se vaya a dormir, te fijas dónde se acuesta. Luego vas, le destapas los pies, y te acuestas allí. Verás que él mismo te dice lo que tienes que hacer". "Haré todo lo que me has dicho", respondió Rut. Y bajó a la era e hizo todo lo que su suegra le había mandado (Rut 3:1-6).

Para el lector moderno la idea de Noemí puede interpretarse como... extraña. O lo que es peor, puede parecer abiertamente sexual, pero no tenía ese fin. Noemí no estaba metiendo a Rut en una situación comprometida. Destaparle los pies a un hombre y agacharse allí era la manera en que una mujer se ponía bajo su protección; una especie de acto de sumisión. Era como decir: *Aquí estoy. Te toca a ti decidir si estás dispuesto a asumir tu rol.* Pero el plan de Noemí mostraba humildad y discreción, porque toda esa idea dependía de su secreto. Imagina esta escena si hubiese tenido lugar delante de las puertas de la ciudad, donde se llevaban a cabo todos los negocios públicos. Booz podría haberse sentido culpable u obligado a comprometerse con Rut. Ni ella ni Noemí querían ponerlo en esa situación; sino que de forma privada y en silencio se acercaron al hombre que ya les había demostrado tanta generosidad.

Booz tenía que tomar una decisión, y ese es un tema constante que atraviesa este pequeño libro de cuatro capítulos. ¿No es sorprendente cuánta información hay compilada en estas pocas páginas? Muchos temas de las Escrituras se encuentran aquí: la presencia de la fe, el poder del amor adoptivo y la importancia de la libre elección. Rut y Noemí se eligieron la una a la otra y prometieron enfrentar juntas los enormes desafíos. Booz también tenía una elección. Si aceptaba la idea de ser el protector de Rut en el matrimonio, entonces lo haría libre de toda presión pública. Podría haber apartado a Rut, y nunca nadie lo hubiese sabido. La discreción fue un acto de generosidad de parte de ambas mujeres. Lo invitaron a Booz a decidir libremente si asumiría una obligación tan seria o no, ¡y él así lo hizo! Afortunadamente, por supuesto, Booz aceptó la oferta de Rut con mucho gusto.

Vemos a la madre y a la hija deliberar más tarde, y cómo Rut acepta el sabio consejo de Noemí sobre la paciencia:

> Cuando Rut llegó a donde estaba su suegra, esta le preguntó: "¿Cómo te fue, hija mía?". Rut le contó todo lo que aquel hombre había hecho por ella, y añadió: "Me dio estos veinte kilos de cebada, y me dijo: 'No debes volver a tu suegra con las manos vacías'". Entonces Noemí le dijo: "Espérate, hija mía, a ver qué sucede, porque este hombre no va a descansar hasta dejar resuelto este asunto hoy mismo" (Rut 3:16-18).

Este es un momento muy humano: la hija muy emocionada relata todo lo que ha sucedido, y la madre dice: *Espera, ten calma; no nos adelantemos.* En este corto intercambio, en realidad podemos ver sus respectivas edades y cómo se convirtieron en madre e hija por completo.

Por supuesto que Noemí tenía razón: Booz solucionó el asunto de inmediato. Llevó el acuerdo privado de la era al espacio público de la puerta de la ciudad. Allí se proclamó públicamente el protector de Noemí y Rut al comunicar que compraría la propiedad ancestral del esposo de Noemí. Aquí también vemos un poco el inteligente hombre de negocios que era Booz. Noemí tenía otro pariente que podía redimirla, un pariente más cercano que Booz, quien generosamente le ofreció al hombre comprar la propiedad. Al principio, el pariente más cercano estaba dispuesto a hacerlo. *Pero espera*, le dijo Booz, *hay un problema*.

Pero Booz le aclaró: "El día que adquieras el terreno de Noemí, adquieres también a Rut la moabita, viuda del difunto, a fin de conservar su nombre junto con su heredad". "Entonces no puedo redimirlo", respondió el pariente redentor, "porque podría perjudicar mi propia herencia". "Redímelo tú; te cedo mi derecho. Yo no puedo ejercerlo" (Rut 4:5-6).

Booz le explicó que en el paquete completo junto con la tierra también venía la encantadora Rut, la moabita. Eso significaba que el comprador de la propiedad también tendría que casarse con Rut y permitir que el primer hijo que le naciese de ella tendría que ser contado como heredero de su fallecido esposo, para que así el linaje del esposo de Noemí, Elimelec, continuara en Judá. Puedo imaginarme el rostro del hombre mientras todo comenzaba a hundirse. *Ohhhhhh*. Se retiró de prisa y dejó que Booz asumiera la responsabilidad.

Es interesante observar la razón por la que el hombre dice "no puedo ejercerlo" (Rut 4:6): porque podría "perjudicar mi propia herencia", que significaba que si sus hijos con Rut eran considerados nietos de Elimelec, entonces heredarían sus tierras y las de Elimelec. Los propios bienes del pariente podrían ser absorbidos por los de Elimelec, y él no quería que eso sucediera. Preservar el nombre de la familia y el linaje era fundamental en esos tiempos, algo que los hombres habrían estado muy motivados a hacer. Y si bien no sabemos el nombre de esa persona, sí conocemos el nombre de todos los descendientes de Booz y Rut, incluyendo al más importante de todos: el mismo Jesús. Incluso si en el corto plazo los hijos de Rut llevaban el nombre de Elimelec, fue gracias a la honradez y generosidad de Booz —y a la lealtad y valerosa conversión de Rut— que dejaron el legado que hasta el día de hoy recordamos.

La historia finaliza como comenzó, con Noemí y Rut.

Así que Booz tomó a Rut y se casó con ella. Cuando se unieron, el Señor le concedió quedar embarazada, de modo que tuvo un hijo. Las mujeres le decían a Noemí: "¡Alabado sea el Señor, que no te ha dejado hoy sin un redentor! ¡Que llegue a tener renombre en Israel! Este niño renovará tu vida y te sustentará en la vejez, porque lo ha dado a luz tu nuera, que te ama y es para ti mejor que siete hijos". Noemí tomó al niño, lo puso en su regazo y se encargó de criarlo. Las vecinas decían: "¡Noemí ha tenido un hijo!". Y lo llamaron Obed. Este fue el padre de Isaí, padre de David (Rut 4:13-17).

¿Es posible acaso leer el final del libro de Rut sin que broten lágrimas de felicidad? Es verdaderamente una historia de amor, aunque no solamente en el sentido convencional. Es el amor de una joven mujer cuyo corazón estaba dedicado a su suegra, y cuya suegra la amaba como una verdadera hija. Unieron su supervivencia una a la otra y a Dios, y observaron cómo su provisión se desplegó de las maneras más extrañas. Siempre me encantó eso, ¡en una sociedad que valoraba a los hijos de tantas formas distintas, las mujeres de Belén celebraron el mérito de Rut como algo mayor que siete hijos! La extranjera, la mujer, la convertida, la adoptada: todas las cosas que hacían de Rut una forastera terminaron siendo las características que la hicieron extraordinaria. Un día, esa pequeña aldea se volvería famosa por ser el lugar de nacimiento de su nieto, llamada la ciudad de David.

Hay dos cosas que deberíamos observar sobre este hermoso final de la historia de Noemí y Rut. La primera es la presencia de la *fe*, la fe de Noemí desde el principio y la de Rut por elección voluntaria. Afianzó su relación y mantuvo sus ojos en el Dios de Israel, el verdadero Redentor. El regalo de un hijo para Rut fue correctamente atribuido como un regalo del Señor, y estas bendiciones tienen su origen en Dios.

La segunda es observar la relación de Noemí con su precioso nieto, Obed. Cuando la Biblia nos dice que Noemí "tomó al niño, lo puso en su regazo y se encargó de criarlo" (Rut 4:16) no significa tan solo que hizo todo aquello que haría una abuela cariñosa. Obed era la continuación del linaje de Elimelec, algo que Noemí probablemente temió haber pedido para siempre. Noemí había perdido a su esposo y a sus dos hijos, pero este bebé recién nacido le dio aquello a lo que quizá había renunciado hacía mucho tiempo: un legado familiar y una nueva esperanza. El lazo entre Noemí y Rut las unió de una manera tan profunda, poderosa y completa que las alegrías de una se convirtieron en las alegrías de la otra.

El amor cambia las cosas, pero lo que más transforma es a *nosotras*. Ambas mujeres se sostuvieron a través de las horas más oscuras de su vida por su devoción entre ellas. Eran personas diferentes, de lugares y contextos distintos, pero su amor las unió en un nivel fundamental. "¡Noemí tiene un hijo!", proclamaron gozosas las mujeres de Belén. Pero sabemos que Dios había provisto ese milagro —que resonaría a lo largo de las generaciones— al proveerle primero a Noemí un regalo precioso cuando más lo necesitó: una hija.

Señor y Dios, nuestro Guardador, Protector y Redentor, te damos gracias por el regalo de la maternidad y de ser hijas. Te alabamos por las madres y las hijas de nuestras vidas. Que podamos ver todas las maneras en que siempre traes el milagro de amor en nuestra historia. Ayúdanos a amar generosamente como Rut y a guiar cariñosamente como Noemí.

Recuérdanos que nuestras madres e hijas no siempre están relacionadas por sangre y que juntas podemos apoyarnos mutuamente a través de los desafíos de la vida. Que nuestro amor nos lleve a la misma unidad de espíritu y fe que compartían Rut y Noemí, y nos otorgue el regalo de un gozarnos con ellas un día en tu reino celestial.

Preguntas de estudio sobre Rut y Noemí

1. ¿Qué nos dice la Biblia sobre la belleza de la adopción tanto en la historia de Rut y Noemí como en el lenguaje del Nuevo Testamento sobre la adopción de los nuevos creyentes en Cristo en la familia de Dios? (Gálatas 4:4-5; Romanos 8:15).

2. ¿Cuánto sacrificio y compromiso tenía Rut hacia Noemí en las palabras tan conocidas que expresó en Rut 1:16-18? ¿Por qué crees que estas palabras se utilizan con tanta frecuencia en las bodas de hoy en día? ¿De qué manera las acciones de Rut también demostraban su devoción?

3. Rut fue ejemplo de una enorme humildad. ¿De qué manera Dios honró esa humildad en su historia, y cómo puede usarla en nuestras vidas? (Rut 2:11-12; 3:3-4:17).

4. ¿Qué sacrificio hizo Booz al tomar a Rut como su esposa y con el nacimiento de su hijo, Obed? ¿Dónde se encuentra Obed dentro del linaje de Cristo?

5. ¿Qué podemos aprender del compromiso que hicieron Rut y Noemí entre ellas y la manera en que nosotras como mujeres cristianas podemos desarrollar el ser madres e hijas espirituales en nuestra vida? ¿Hay alguien en tu vida con quien podrías desarrollar esta clase de relación?

Elisabet y María

(MALAQUÍAS 4, LUCAS 1:5-80)

De todas las madres e hijas de la Biblia que conocemos en este libro, Elisabet y María son únicas en varios sentidos. Las dos anduvieron por caminos milagrosos hacia la maternidad, y ambas dieron a luz a hombres que cambiaron el mundo para siempre. Al igual que Jocabed y Miriam, este par se encontraba en la encrucijada de la historia de la salvación. De la misma manera que Noemí y Rut, fueron madre e hija espiritual y no biológicamente. Pero hay una diferencia crucial en la relación entre Elisabet y María; y no es tan solo que una de ellas fue la madre de Jesús. Es que ambas fueron madres por derecho propio. Elisabet era la madre biológica de Juan el Bautista y la madre espiritual de María, y María era la madre de Jesús. Son un ejemplo para nosotras de la forma tan específica en que Dios puede colocar en nuestra vida personas que nos alienten cuando más las necesitamos, sea que estén unidas por sangre o por el cielo.

María y Elisabet eran primas más que madre e hija, aunque Elisabet era mucho mayor que María. Dios, en su sabiduría, las unió más allá de sus lazos familiares. Ambas iban a experimentar algo maravilloso casi al mismo tiempo. Pudieron consolarse y reafirmarse de maneras en que solo esas dos mujeres podrían haber comprendido en esa época de su vida. Dios preparó un viaje divino para cada una, y les proveyó la compañía mutua para fortalecerlas durante lo que deben haber sido tiempos complicados.

¿Quién es Elisabet?

Lucas es el único evangelio que nos cuenta la historia de Elisabet y de su esposo, Zacarías. Desde el comienzo de los capítulos de su evangelio, Lucas deja en claro que narró los sucesos que rodearon la vida de Cristo con gran responsabilidad. En el versículo 3 declaró que escribió el evangelio: "habiendo investigado todo esto con esmero desde su origen". Lucas continuó contándole al lector que redactó ese relato "para que llegues a tener plena seguridad de lo que te enseñaron" (Lucas 1:4). Lucas, además de ser el autor del evangelio más largo, también se cree que escribió el libro de los Hechos de los Apóstoles. Eso significa que registró una porción considerable del Nuevo Testamento, lleno de detalles clave y pormenores importantes para que leamos hoy en día.

Lucas ofrece el único relato del nacimiento de Juan el Bautista, que fue el predecesor de Cristo y cuya llegada también fue tocada por la intervención divina. Comienza presentándonos a los padres de Juan, Zacarías y Elisabet, como "rectos e intachables delante de Dios; obedecían todos los mandamientos y preceptos del Señor" (Lucas 1:6). Ambos provenían de linajes sacerdotales; de hecho, Zacarías servía como uno de los miles de sacerdotes de ese entonces. También resulta fascinante observar que cuando comienza su historia, Dios había permanecido en silencio por aproximadamente cuatrocientos años. Cuando el Antiguo Testamento termina en Malaquías, el Señor dice:

Estoy por enviarles al profeta Elías antes que llegue el día del Señor, día grande y terrible. Él hará que los padres se reconcilien con sus hijos y los hijos con sus padres, y así no vendré a herir la tierra con destrucción total (Malaquías 4:5-6).

Y luego en Israel no se volvió a escuchar nada directamente de parte del Señor por siglos. Con ese telón de fondo, Zacarías servía fielmente como sacerdote, y lo hacía al mismo tiempo que tanto él como Elisabet ansiaban tener un hijo. Ella era estéril, y cuando la Biblia los presenta dice: "los dos eran de edad avanzada" (Lucas 1:7).

En ese tiempo, la mayoría de la sociedad veía la falta de un hijo como un castigo de Dios o como la falta de favor de parte de Él, pero Lucas deja en claro que tanto Zacarías como Elisabet eran "rectos delante de Dios" y vivían de acuerdo a sus mandamientos sin defectos. Como vemos en las historias bíblicas de Sara, Ana y otras mujeres, Dios con frecuencia tiene un plan más allá de nuestro entendimiento cuando la infertilidad es parte de nuestra historia. Así como en la vida de aquellas madres del Antiguo Testamento, Dios también estaba entretejiendo sus propósitos en la historia de Elisabet. Y así como los israelitas habían estado esperando escuchar al Señor durante siglos, Zacarías y Elisabet también habían esperado escucharlo en medio de sus circunstancias por décadas.

Lucas nos dice que Zacarías se había presentado para llevar a cabo sus tareas sacerdotales; la suerte cayó sobre él para entrar al templo a ofrecer el incienso. Los sacerdotes servían dos períodos de una semana por año, y había miles de ellos. Un sacerdote podía pasar toda su vida sin siquiera ser elegido para llevar esta tarea tan especial. Nunca nada es una sorpresa para Dios, y más vale que creas que la elección de Zacarías para entrar al templo no fue un error. Fue allí donde se encontró con la extraordinaria presencia de un ángel.

Al verlo, Zacarías se asustó, y el temor se apoderó de él. El ángel le dijo: "No tengas miedo, Zacarías, pues ha sido escuchada tu oración. Tu esposa Elisabet te dará un hijo, y le pondrás por nombre Juan. Tendrás gozo y alegría, y muchos se regocijarán por su nacimiento, porque él será un gran hombre delante del Señor. Jamás tomará vino ni licor, y será lleno del Espíritu Santo aun desde su nacimiento. Hará que muchos israelitas se vuelvan al Señor su Dios. Él irá primero, delante del Señor, con el espíritu y el poder de Elías, para reconciliar a los padres con los hijos y guiar a los desobedientes a la sabiduría de los justos. De este modo preparará un pueblo bien dispuesto para recibir al Señor". "¿Cómo podré estar seguro de esto?", preguntó Zacarías al ángel. "Ya soy anciano y mi esposa también es de edad avanzada". "Yo soy Gabriel y estoy a las órdenes de Dios", le contestó el ángel. "He sido enviado para hablar contigo y darte estas buenas noticias. Pero, como no creíste en mis palabras, las cuales se cumplirán a su debido tiempo, te vas a quedar mudo. No podrás hablar hasta el día en que todo esto suceda" (Lucas 1:12-20).

¡Hay tanto por desentrañar aquí! En primer lugar, nadie había escuchado nada directamente de parte de Dios por cuatrocientos largos años, y ahora Zacarías estaba cara a cara con el ángel Gabriel que le traía una noticia casi increíble. En segundo lugar, ¿recuerdas dónde quedaron las cosas en Malaquías? Gabriel le estaba repitiendo a Zacarías esa promesa de antaño, le estaba diciendo que *él* sería el padre de aquel que obraría en "el espíritu y el poder de Elías, para reconciliar a los padres con los hijos... preparará un pueblo bien dispuesto para recibir al Señor" (Lucas 1:17). En tercer lugar, al igual que la mayoría de los seres humanos, Zacarías estaba lleno de dudas y a Gabriel no le causó gracia. Lo dejó mudo hasta el día del nacimiento de Juan, tal como lo había profetizado. En conclusión, ¡Elisabet iba a ser madre!

Las personas que estaban esperando y orando fuera del templo estaban intrigadas por saber por qué Zacarías tardaba tanto. Imaginen su confusión cuando finalmente salió e intentó contarles lo que le había sucedido. Me encanta el hecho de que cuando finalmente pudo comunicarles que había visto un ángel, Zacarías se quedó para completar sus servicios como sacerdote (Lucas 1:23). Elisabet probablemente no supo nada de esto hasta que su esposo regresó a casa. ¡Había sido como un torbellino: haber sido elegido para presentar su ofrenda de incienso, encontrarse con un ángel, descubrir que su esposa quedaría embarazada y tendría un hijo que abriría el camino al Señor, y quedar completamente mudo! ¡Quién pudiera ser una mosca para estar en esa "conversación" cuando Zacarías llegó a su casa! ¡Qué gran juego de adivinanzas debe haber sido! *Querida, vi un ángel, y me dijo que vas a quedar embarazada —sí, ahora— y darás a luz al hombre que abrirá el camino a nuestro Señor.* ¿Acaso Elisabet habrá gritado de gozo? ¿Tuvo miedo? ¿Sintió incredulidad?

No hubo mucho tiempo para hablar porque el siguiente versículo nos dice que Elisabet quedó embarazada. ¡Finalmente, la maternidad; con mucha seguridad, décadas después de haber abandonado todas sus esperanzas! Siendo una joven pareja que servía con fidelidad al Señor, deben de haberse cuestionado y sentido desconsolados cuando mes tras mes, año tras año, sus esperanzas de tener un hijo se desvanecían cada vez más. Pero Dios estaba obrando a través de ese retraso y dolor, escribiendo la historia perfecta para traer a Juan el Bautista al mundo y preparar el escenario para el mismo Cristo.

Gabriel le dijo a Zacarías: "ha sido escuchada tu oración" (Lucas 1:13). ¿Cuánto tiempo debe haber pasado desde que Zacarías había comenzado a orar por un hijo? ¿Hubo acaso algún momento en que supuso que ya no valía la pena siquiera seguir pidiendo? ¿Tienes sueños y esperanzas que has abandonado, cosas por las que has estado orando durante años y luego las colocaste en un estante? A menudo no podemos ver cómo Dios entreteje los hilos de nuestra vida hasta que el tapiz no está completo. Quizá se te presente con una respuesta que nunca imaginaste décadas después de tu petición original. A veces lucho incansablemente para provocar lo que yo veo como un camino perfecto por delante, solo para darme cuenta, cuando esa temporada está en mi espejo retrovisor, que el plan que tan desesperadamente quería alcanzar era extremadamente inferior al diseño de Dios. También creo que algunas de las cosas que más nos hieren en la tierra no tendrán sentido hasta que no estemos en el cielo, con una eternidad para alabar a Dios por su infinita sabiduría durante los tiempos en que no podíamos mirar más allá de nuestro dolor.

El nombre de Zacarías se traduce como "el Señor ha recordado". ¡Qué bello! Elisabet significa "mi Dios es mi juramento", un indicador y recordatorio de su fidelidad. Al saber que estaba embarazada, Elisabet dio toda la gloria a Dios. "Esto es obra del Señor", dijo, señalando que Dios había mostrado su favor (Lucas 1:25). Gracias a la detalla descripción de Lucas sobre Elisabet, sabemos que era una mujer piadosa y madura. ¿Quién mejor para ser de aliento, compañía y madre espiritual de María cuando llegó su propia noticia milagrosa? Ya avanzado el embarazo de Elisabet, el ángel Gabriel visitó a María.

A los seis meses, Dios envió al ángel Gabriel a Nazaret, pueblo de Galilea, a visitar a una joven virgen comprometida para casarse con un hombre que se llamaba José, descendiente de David. La virgen se llamaba María. El ángel se acercó a ella y le dijo: "¡Te saludo, tú que has recibido el favor de Dios! El Señor está contigo". Ante estas palabras, María se perturbó, y se preguntaba qué podría significar este saludo. "No tengas miedo, María; Dios te ha concedido su favor", le dijo el ángel. "Quedarás encinta y darás a luz un hijo, y le pondrás por nombre Jesús. Él será un gran hombre, y lo llamarán Hijo del Altísimo. Dios el Señor le dará el trono de su padre David, y reinará sobre el pueblo de Jacob para siempre. Su reinado no tendrá fin". "¿Cómo podrá suceder esto", le preguntó María al ángel, "puesto que soy virgen?" (Lucas 1:26-34).

Tanto en la historia de Zacarías como en la de María, Gabriel apareció y les dijo algo increíble. Zacarías era una persona devota, pero respondió con una duda y un temor comprensibles. Los eruditos dicen que la respuesta de María estaba más en línea con la curiosidad. *Te creo; tan solo que en realidad no sé cómo se va a suceder todo.* ¿Cuán incrédulas estaríamos tú y yo si un ángel se nos apareciera y comenzara a profetizarnos sobre sucesos milagrosos y sobrenaturales en nuestra vida que cambiarían todo el curso de la historia humana? Parecía adecuado que Gabriel les dijese a Zacarías y a María: "No tengas miedo" (Lucas 1:13, 30). De seguro que yo lo tendría; no solo al ver al ángel, sino por las buenas noticias que estaba dando. ¡Me parece bastante extraño que ninguno de los dos se desmayara!

¡Nadie había escuchado a Dios por cientos de años! Hay que dar crédito a la profunda fe de Zacarías y María que en el momento en que el ángel apareció ante ellos, no lo cuestionaron. Aceptaron la presencia angelical con la confianza de la fe, a pesar de que tenían preguntas. Hay un lado literalmente práctico para ambos: una creencia, pero también un deseo de conocer los aspectos prácticos de cómo se iba a desarrollar algo tan asombroso.

Gabriel respondió a la pregunta de María no solo con una explicación sino con más buenas noticias:

El Espíritu Santo vendrá sobre ti, y el poder del Altísimo te cubrirá con su sombra. Así que al santo niño que va a nacer lo llamarán Hijo de Dios. También tu parienta Elisabet va a tener un hijo en su vejez; de hecho, la que decían que era estéril ya está en el sexto mes de embarazo. Porque para Dios no hay nada imposible (Lucas 1:35-37).

Gabriel de inmediato le habló a María sobre "tu parienta Elisabet" (Lucas 1:36), que había sido estéril, y la animó a considerar el embarazo de Elisabet como una señal de que no había nada imposible para Dios. Lucas nos dice que María "fue de prisa" a verla (Lucas 1:39). María debe haber casi rebosado de alegría. Conocía el dolor que había sufrido su prima, al anhelar un hijo que parecía que nunca iba a tener. María también tenía noticias bastante espectaculares para ella. Las dos mujeres estaban unidas en una maternidad milagrosa, y ella sabía que Elisabet también se gozaría ante sus noticias. En un momento en que María se debe haber preguntado cómo iba a compartir las noticias de su embarazo ante una comunidad atónita, no tendría que preocuparse nunca por la reacción de Elisabet ni dudar de su apoyo. Eso quedó claro desde el momento en que llegó.

A los pocos días María emprendió viaje y se fue de prisa a un pueblo en la región montañosa de Judea. Al llegar, entró en casa de Zacarías y saludó a Elisabet. Tan pronto como Elisabet oyó el saludo de María, la criatura saltó en su vientre. Entonces Elisabet, llena del Espíritu Santo, exclamó: "¡Bendita tú entre las mujeres, y bendito el hijo que darás a luz! Pero ¿cómo es esto, que la madre de mi Señor venga a verme? Te digo que tan pronto como llegó a mis oídos la voz de tu saludo, saltó de alegría la criatura que llevo en el vientre. ¡Dichosa tú que has creído, porque lo que el Señor te ha dicho se cumplirá!" (Lucas 1:39-45).

Observa cómo describe a Elisabet la Biblia: "llena del Espíritu Santo" (Lucas 1:41). Gabriel ya le había dicho a Zacarías que su bebé, Juan, sería lleno del Espíritu Santo desde el nacimiento (Lucas 1:16). Pero cuando María y Elisabet se vieron, se nos dice que Elisabet misma estaba llena del Espíritu Santo, y comenzó a profetizar. Antes siquiera de que María pudiese contarle sobre su encuentro celestial, Elisabet ya estaba declarando la verdad sobre el embarazo de María. ¡Qué bendición espectacular para estas futuras madres! Las dos mujeres sabían del embarazo de la otra antes de haber tenido la oportunidad de comunicarse la noticia entre ellas. Elisabet había sido bendecida con un embarazo mucho tiempo después de lo que pensó poder sentir el gozo de tener un hijo, y María fue sorprendida con un embarazo mucho tiempo antes de lo que podría haberse sentido preparada. Su madre espiritual, Elisabet, estaría allí para participar del gozo y de los desafíos que ciertamente iban a venir.

Elisabet era un consuelo y una guía para María, y nos muestra a nosotras, generaciones más tarde, cómo ser una mentora o motivadora. Nuestras relaciones terrenales nunca deben servir como un sustituto de nuestra comunión con nuestro Padre celestial, pero pueden ser una enorme fuente de consolación y sabiduría. Nunca olvidaré aquella vez que llamé llorando a mi querida amiga Mariam. Estaba viviendo un tiempo de dolor crónico y había caído aún más bajo. Parecía que la vida no tenía esperanza ni sentido al tambalearme de un día a otro. Oraba continuamente por alivio y sanidad, pero llegó un tiempo en que me sentí desesperada por tener la guía que sabía que Mariam tenía. Necesitaba a alguien que representara en carne y hueso la compasión de Dios. Sabía que físicamente ella no podía sanarme, pero siempre había visto a Mariam como una madre espiritual; alguien a quien el tiempo había probado y estaba devotamente comprometida a vivir los planes de Dios de forma humilde y gozosa. Lloré en el gazebo de su jardín mientras ella me recordaba las promesas y el propósito de Dios en medio de nuestro dolor. Oró por mí ese día, y no tengo ninguna duda de que sigue incluyéndome en sus peticiones delante del Señor. Al igual que Elisabet para María, Mariam siempre representó para mí una fuente de aprobación y esperanza. Aunque no como reemplazo de nuestra conexión personal con Dios, como mujeres podemos ser un recordatorio de la gracia y misericordia de Dios unas con otras.

Más allá del simple ánimo, las palabras de Elisabet a María fueron una confirmación de la declaración de Gabriel, una expresión de su propia humildad y alabanza por la fe de María. Es importante no olvidar que debido a que Elisabet fue llena del Espíritu Santo, este fue un acto de profecía. Ella no sabía de antemano que María estaba embarazada, ni tampoco tenía manera de saberlo. La declaración de Elisabet debe haberle dado a María mayor consuelo, al saber que alguien en quien ya confiaba y a quien amaba profundamente aceptaba la naturaleza divina de su embarazo. Dios sabía con antelación que la joven María sería animada por el abrazo de la madura Elisabet ante su situación, sin ninguna duda ni cuestionamiento.

En su humildad, Elisabet preguntó: "¿cómo es esto, que la madre de mi Señor venga a verme?" (Lucas 1:43). La primera persona en las Escrituras en llamar a Jesús "Señor" fue Elisabet. Ella declaró que Él estaba en camino, y que su propio hijo sería el que iba a preparar el terreno para Él. Tanto Elisabet como Juan jugarían un papel al reconocer y proclamar la divinidad del bebé de María, mucho antes de que los demás viesen su verdadera identidad y visión. Presta atención también a las últimas palabras de Elisabet a María, y que es lo último que ella dice en la Biblia. Anunció: "¡Dichosa tú que has creído, porque lo que el Señor te ha dicho se cumplirá!" (Lucas 1:45).

Dicen las Escrituras que María fue de prisa a ver a su prima. Probablemente explotaba con toda clase de sentimientos confusos: gozo, asombro, temor, incertidumbre. ¿Qué iba a significar esto para su futuro con su prometido, José? ¿Qué diría la gente sobre ella? Y no solo eso. María literalmente podría haber sido apedreada hasta la muerte debido a este embarazo fuera del matrimonio. Estoy segura de que más de una vez se debe haber preguntado por qué le había sucedido a ella entre tantas personas. Debe haberse preguntado qué tenía ella de especial para que Dios la eligiese, una joven muchacha de una insignificante provincia romana, para dar a luz al Mesías prometido.

Elisabet puso el dedo exactamente en lo que la hacía excepcional: "¡Dichosa tú que has creído!" (Lucas 1:45). No fue la pureza de corazón de María, ni su caridad, ni bondad, ni modestia, ni sabiduría que le dieron el favor de Dios, ¡aunque probablemente tuviese todas esas cualidades! Elisabet fue directo al meollo del asunto: María había creído. Lo que la apartó fue su fe extraordinaria. Elisabet estaba hablando inspirada directamente por el Espíritu Santo cuando remarcó y alabó la confianza de María en las promesas y el plan de Dios. María se entregó a Dios, incluso cuando no podía entender con exactitud cómo Él iba a hacer que esa misteriosa profecía se cumpliera. Aun así, ella siguió adelante.

"Aquí tienes a la sierva del Señor", contestó María. "Que él haga conmigo como me has dicho" (Lucas 1:38).

Elisabet vio y celebró la fe de María.

Lo que sigue es uno de los pasajes más famosos de todas las Escrituras: el cántico de alabanza de María, llamado *Magníficat* (la palabra latina para "magnificar"). Es un poema bello y singular que recurre a las tradiciones de los escritos judíos, desde la oración de Ana hasta las promesas de Isaías. Con mucha frecuencia cuando leemos el cántico de María en la iglesia, o en un estudio bíblico, miramos solamente este pasaje y no observamos todo su contexto. Todo lo que sigue que proviene del corazón de María —toda la poesía y la fe ardiente que encendió el corazón de los cristianos durante dos mil años— tuvo lugar debido a lo que Elisabet le dijo. La percepción de Elisabet le dio a María su momento de inspiración. Las palabras de Elisabet dieron lugar a la gloriosa declaración de María. La sabiduría dada por la llenura del Espíritu en Elisabet se derramó en el alma de María y desencadenó su canción.

Al leer estas palabras, quizá nos imaginemos a María mientras las pronuncia. Pero esta vez intenta hacer algo un poco diferente: imagina que fueras Elisabet en esta situación. Visualízate parada allí, escuchando a María derramando este cántico lleno de alabanza. ¿Puedes captar la experiencia del orgullo y el afecto que debe haber sentido Elisabet por su joven prima? Piensa en lo orgullosas que nos sentimos cuando vemos a nuestro hijos, ahijados, sobrinos o sobrinas hacer su primera confesión de fe, cuando nos damos cuenta de que las semillas de fe han echado raíces en su corazón. Elisabet debe haber sentido el mismo gozo indescriptible, la misma ternura y orgullo al escuchar las palabras de María.

Entonces dijo María: "Mi alma glorifica al Señor, y mi espíritu se regocija en Dios mi Salvador, porque se ha dignado fijarse en su humilde sierva. Desde ahora me llamarán dichosa todas las generaciones, porque el Poderoso ha hecho grandes cosas por mí. ¡Santo es su nombre! De generación en generación se extiende su misericordia a los que le temen. Hizo proezas con su brazo; desbarató las intrigas de los soberbios. De sus tronos derrocó a los poderosos, mientras que ha exaltado a los humildes. A los hambrientos los colmó de bienes, y a los ricos los despidió con las manos vacías. Acudió en ayuda de su siervo Israel y, cumpliendo su promesa a nuestros padres, mostró su misericordia a Abraham y a su descendencia para siempre" (Lucas 1:46-55).

Cuando María dijo "el Poderoso ha hecho grandes cosas por mí" (Lucas 1:49), estaba repitiendo las mismas palabras de Elisabet "esto es obra del Señor" (Lucas 1:25). María imitó las palabras de alabanza y agradecimiento de Elisabet, al darle a Dios toda la gloria. Lo que sucede al final del cántico a menudo se omite, o simplemente se ignora por completo, pero nos dice bastante sobre la importancia de su relación. Cuando María terminó su cántico, las Escrituras nos dicen que "María se quedó con Elisabet unos tres meses y luego regresó a su casa" (Lucas 1:56).

Consideremos la línea de tiempo. Después de que el ángel Gabriel terminó de hablarle a María, ella "salió de prisa" a contarle la noticia a Elisabet, a gozarse por la buena fortuna de su prima y a recibir su ayuda para digerir el asombroso desarrollo de los hechos. Sabemos que María era relativamente joven, porque la edad promedio del compromiso en ese tiempo en Israel se encontraba entre los trece y los dieciocho años. ¿Por qué María no corrió hacia su propia madre para llevarle la noticia? ¿Se debía en parte a que Dios misericordiosamente le dio la noticia de que Elisabet también estaba experimentando un milagro y estaría en la mejor situación para entender la mezcla de emociones de María? ¿Por qué la joven viajó (aparentemente sola) hacia la región montañosa de Judea? No debe haber sido una travesía fácil ni corta. Llevarla a cabo debe haber significado que la afinidad de María por su prima y la ayuda que encontraría en su hogar valían la pena el esfuerzo de llegar allí. Tanto la inmediatez de la visita como el tiempo que permaneció allí nos aportan información importante sobre lo cercanas que eran.

María seguramente sintió una sensación de seguridad con Elisabet durante esos primeros meses. Ambas compartían secretos extraordinarios. El embarazo de María podría haberla convertido en una marginada, una joven mujer vista como impura y pecadora por aquellos que no iban a entender ni creer su explicación. Al saberlo, José fácilmente podría haber roto su compromiso con ella. Ella podría haber pagado con su vida por la aparente fornicación. Pero los meses en la seguridad del hogar de Elisabet indudablemente reafirmaron su fe y calmaron su preocupación.

Durante tres meses, estas mujeres vivieron juntas diariamente: compartieron su emoción y sus sueños por el futuro y por sus bebés, que cambiarían el mundo juntos. ¿Hablaron sobre lo que Gabriel le había dicho a Zacarías y luego a María? ¿Intentaron extrapolar la manera en que las profecías de Gabriel iban a manifestarse para los bebés que descansaban en su vientre? ¿Acaso María estaba aprendiendo de Elisabet sobre cómo progresaría su embarazo, sobre qué esperar? Permanecer con su prima y madre espiritual habría sido lo más natural para una joven mujer embarazada e inexperta para así poder aprender de primera mano sobre las cosas que iban a suceder en su propio cuerpo.

¿Acaso María también estaba aprendiendo qué esperar para el proceso del nacimiento? ¡Sabemos que cuando llegó el momento de su parto no tenía ningún sistema de apoyo aparte de José y algunos animales de granero! Cualquier lección que pudiese haber aprendido de Elisabet fue probablemente invaluable para María esa noche. Así que tal como Elisabet le dio a su prima fortaleza espiritual, también le dio sabiduría práctica. Y esto es exactamente lo que hace una verdadera madre por su hija espiritual: la sostiene y la apoya en espíritu y en cuerpo.

Cuando pensamos en las distintas maneras en que las mujeres aparecen en la Biblia, y los variados roles que cumplen, podemos ver que la Biblia nos ofrece un retrato increíblemente rico de todo lo que significa ser una mujer. Sin embargo, pocas veces vemos a dos mujeres hablando entre ellas, y rara vez hablar sobre Dios. Observamos a Raquel y Lea conversar, y vemos a Rut y Noemí expresar su devoción mutua y hacer planes para el futuro. Aquí, observamos a dos mujeres hablar sobre su fe en Dios, animarse una a la otra al experimentar sus milagros y expresar su gratitud hacia Él y hacia la otra. Podemos deducir una nueva perspectiva al leer esta historia previa a la navidad y enfocarnos en esta relación de apoyo, que quizá se haya perdido en la confusión del pasado. No sé tú, pero yo desentierro nuevos tesoros cada vez que me zambullo en un pasaje que tal vez haya leído cientos de veces. Deberíamos siempre abordar las Escrituras de la siguiente manera: como si fueran una preciada joya que sostenemos a la luz, hipnotizadas por su belleza, girándola y rotándola con la esperanza de poder ver alguna faceta nueva y maravillosa que nunca antes habíamos apreciado.

La historia de María y Elisabet es así, con mucha verdad y belleza en una sola historia, una relación de devoción. Vemos la manera en que Dios se mueve en nuestra vida, a pesar de los temores e inseguridades. Observamos la forma en que el poder y la fuerza de Dios se revelan en los débiles y aparentemente insignificantes del mundo. En el cántico de alabanza de María, somos testigos de la envergadura de la salvación y del poder sobrenatural de Dios que levanta a los humildes y derriba a los gobernantes de sus tronos; el Dios que es el Señor de la historia, como así también el Señor de nuestra vida.

Los cristianos antiguos y medievales estaban fascinados por ese momento entre María y Elisabet, al que denominaron "la Visitación de la Virgen María" o simplemente "la Visitación". Hace referencia a la visita de María a Elisabet y a la visita del Espíritu Santo a Elisabet. Una de las imágenes más antiguas representadas en los lugares de adoración o en los hogares cristianos fue esta escena, el abrazo entre las dos mujeres. A veces, la imagen incluso retrataba a los bebés que llevaban en el vientre, así que el cuerpo de ellas servía como una especie de marco para los jóvenes Juan el Bautista y Jesús, que también tímidamente se acercaban entre ellos. El amor de una madre y una hija espirituales no solo enmarcaba, sino que también proveía la verdadera personificación humana de la llegada del don de salvación para toda la humanidad. No conocemos las circunstancias de cómo se crio María, o quién lo hizo, pero de lo poco que nos dice la Biblia podemos deducir que Elisabet fue probablemente una parte importante de ello. La fe devota de Elisabet nos informa sobre la fe santa de María: "tú que has creído", y la obediencia de María hizo posible nuestra vida como cristianos. Como hermanas y hermanos de Jesús, también somos hijos espirituales de María y nietos espirituales de la virtuosa Elisabet, que dio gracias por el milagro que el Señor había hecho en su vida.

No tenemos idea de lo que sucedió luego con Elisabet ni cuándo murió, y para el caso, tampoco tenemos esa información acerca de María. Podemos suponer que Zacarías y Elisabet, que eran de edad avanzada cuando nació Juan, probablemente murieran mucho antes de que comenzara su obra como Juan el Bautista. Así que en algún momento antes de que Jesús y Juan dieran inicio a su ministerio público, Elisabet factiblemente ya había fallecido. Y también el esposo de María, José, puesto que María viajaba con Jesús al menos a ciertos lugares (Juan 2:1-12; 19:25; Mateo 12:47), y no vemos que se lo mencione después de la visita al templo cuando Jesús tenía doce años y se perdió. Esto significa que para cuando Jesús estaba comenzando a enseñar y predicar, María había perdido a personas muy queridas para ella. Ante la ausencia de Elisabet, es seguro que María se haya quedado sin su mentora y madre espiritual mientras observaba a su hijo —aquel en quien juntas habían soñado— ser torturado y ejecutado.

Esta también es una parte del amor agridulce entre madre e hija. Como madres espirituales, transmitimos la sabiduría a nuestras hijas espirituales, sabiendo que tal vez no estemos allí para ellas cuando más nos necesiten. Quizá estemos ausentes durante las horas oscuras de dolor, muchos años después. Como hijas espirituales, amamos a nuestras madres espirituales, y sabemos que llegará un momento en que viajarán más allá de nuestro cuidado y tendremos que tomar las enseñanzas de su fortaleza y seguir adelante, confiando que las volveremos a ver en el cielo. Podemos apreciar la sabiduría y la fortaleza que han derramado en nuestra vida, al aprender a convertirnos en la persona "tú que has creído", una luz para las futuras generaciones, como si a su vez fuésemos iluminadas por nuestras madres espirituales.

La maternidad espiritual implica guiar y liderar a alguien en fe. No todas nosotras tendremos el llamado a la maternidad biológica, pero todas podemos ejercitar el rol de la maternidad espiritual. Podemos guiar a las jóvenes a Jesús a través de las palabras y el ejemplo, al convertirnos en una caja de resonancia para sus preguntas y nuestros desafíos. Para muchas cristianas, este rol lo cumple una madrina o una mujer mayor de confianza en nuestra comunidad de fe. Muchas de nosotras podemos pensar en mujeres que nos sirvieron como referentes y que gentilmente nos guiaron a lo largo de nuestro camino de fe. A veces, esas personas se encuentran en nuestra familia, así como Elisabet era parte de la familia de María, y otras no, pero siempre son cruciales para el crecimiento espiritual. ¡Si aún están en nuestra vida, asegurémonos de agradecerles!

Nuestras madres espirituales también comparten nuestro gozo y nuestras penas, y —lo que es más importante— nos ayudan a entender aquellas curvas a la luz de la fe. Cuando intentamos encontrar el significado más profundo escondido en los sucesos de la vida, ellas pueden guiarnos a medida que cavamos y tratamos de ver cómo Dios está obrando. Es especialmente útil cuando la tristeza, el dolor y la confusión se cruzan en el camino. Y cuando estamos llenas de gozo, están allí para compartirlo, tal como lo hicieron Elisabet y María siglos atrás.

Señor, concédenos la fuerza para volvernos madres espirituales para aquellas que necesitan nuestra sabiduría, fortaleza y amor. Ayúdanos a cuidar a aquellas cuya madre está lejos o ya ha partido. Danos palabras de dulzura y aliento para aquellas hijas que tú coloques en nuestro camino. Ayúdanos también a ser agradecidas por las madres espirituales con las que nos has bendecido, que nos nutrieron de fe y nos enseñaron a su vez cómo ser madres. Que al ser madres e hijas espirituales reflejemos tu amor, profundicemos nuestra confianza en ti y creemos un lugar para que habite el Espíritu Santo.

Preguntas de estudio sobre Elisabet y María

1. ¿Qué sabemos sobre la clase de mujer que era Elisabet? ¿Crees que había renunciado a la maternidad? ¿De qué manera su historia resalta el propósito del período de espera que a veces Dios nos pide atravesar para cumplir sus propósitos mayores? (Lucas 1:12-20).

2. ¿Por qué crees que Gabriel le contó a María sobre el embarazo de Elisabet? (Lucas 1:36-37).

3. ¿De qué manera Elisabet y María estaban perfectamente equipadas para animarse la una a la otra a través de esos momentos extraordinarios? ¿Cómo podemos apuntar a una fe más profunda en Dios frente a nuestros propios temores y preguntas?

4. ¿Hay alguien en tu vida que haya reconocido y animado tu caminar de fe como lo hizo Elisabet con María? (Lucas 1:45). ¿Qué significó para ti? ¿Lo has hecho tú también por alguien?

5. ¿Has visto el fruto de las semillas que una madre espiritual plantó en tu vida? ¿Y qué hay de alguien en quien tú invertiste? ¿Cómo podemos encontrar madres e hijas espirituales a nuestro alrededor, y cuál es el impacto eterno de invertir en esas relaciones?

Madres e hijos

Las madres tienen una enorme influencia sobre sus hijos varones, para bien o para mal. En la Biblia vemos ambos ejemplos. En lo positivo sirven como inspiración y aliento para las madres que buscan impulsar a sus hijos hacia el diseño perfecto de Dios para sus vidas. En lo negativo son una clara advertencia de que intentar tramar y engañar para ayudar a un hijo a adelantarse solo servirá para retrasar los planes de Dios y provocar un gran dolor y deshonor durante el proceso.

¿Qué le comunicamos a Dios cuando estamos dispuestas a pecar, mentir o socavar a otros para mejorar la posición de nuestros hijos? ¿Cómo podemos esperar que las intenciones egoístas que utilizamos como fundamento de nuestros deseos den la gloria a Dios y su reino? Observamos la devastación que una madre excesivamente ambiciosa puede provocar cuando se deja arrastrar por la codicia y la incredulidad.

Pero la Biblia también nos provee hermosos ejemplos de madres valientes, humildes y rectas que anhelan rendir sus sueños y esperanzas en favor de lo que Dios ha planeado. Son un modelo de sacrificio, obediencia y de ser capaces de confiar en que Dios tiene en mente el bien a largo plazo para sus hijos, incluso cuando no puedan verlo. No es un camino de gozo puro e ininterrumpido, pero es la senda de la paz principal y la serenidad.

Rebeca

(GÉNESIS 25:19-27:46, GÉNESIS 33)

Rebeca, la hija

¿Alguna vez has escuchado hablar sobre alguien cuya vida parecía encantada, una combinación perfecta de dones naturales y oportunidades doradas, como si hubiese sido preparada para el éxito y hubiera comenzado con ventaja? Entonces, puede ser desalentador observar mientras lo desperdicia todo, ya sea dolorosamente inconsciente de su buena fortuna o posiblemente consumida por ella. Ver a alguien así elegir su propia destrucción resulta desconcertante en el mejor de los casos y exasperante en el peor. ¿Cómo puede alguien con todas las ventajas aparentes permitirse ser consumida por los celos, la inseguridad, el ego o la ambición?

Dios permite que esta clase de historias emerjan a lo largo de la Biblia para que podamos aprender de ellas. Al viajar junto a Rebeca, vemos una vida que comenzó con una increíble promesa pero se desvió hacia un peligroso territorio. ¿Dónde se encontraban las vías de salida, los lugares donde Rebeca podría haber corregido el curso? Estaban allí, y al estudiarla, deseo que veamos esas oportunidades para redimir nuestra propia historia.

Rebeca fue buscada; fue la esposa elegida directamente por Dios para el amado hijo de Abraham, Isaac. Puesto que Abraham se estaba acercando al final de su vida, comenzó a enfocarse en Isaac y en las promesas que Dios le había hecho sobre el favor y el linaje que le seguirían. Abraham le temía a Dios y le servía fielmente. Había visto milagros y creía por completo en el pacto que Dios había hecho con él, en el que le prometía que sus descendientes a través de Isaac se convertirían en una gran nación y serían bendecidos por Dios (Génesis 12:1-3). Abraham vivía en una tierra lejos de su pueblo, pero que Dios había prometido darle a él y a las generaciones que vendrían a través de Isaac. Por todas esas razones, tenía instrucciones muy específicas que dar al hombre que envió a buscar una esposa de su misma tribu para su hijo. El hombre era el siervo de mayor confianza de Abraham, aquel a quien había puesto a cargo de toda esta tarea.

Júrame por el Señor, el Dios del cielo y de la tierra, que no tomarás de esta tierra de Canaán, donde yo habito, una mujer para mi hijo Isaac, sino que irás a mi tierra, donde vive mi familia, y de allí le escogerás una esposa (Génesis 24:3-4).

Eran directrices claras, pero el representante de Abraham hizo una pregunta crucial antes de embarcarse en el largo viaje.

"¿Qué pasa si la mujer no está dispuesta a venir conmigo a esta tierra?", respondió el criado. "¿Debo entonces llevar a su hijo hasta la tierra de donde usted vino?". "¡De ninguna manera debes llevar a mi hijo hasta allá!", le replicó Abraham. "El Señor, el Dios del cielo, que me sacó de la casa de mi padre y de la tierra de mis familiares, y que bajo juramento me prometió dar esta tierra a mis descendientes, enviará su ángel delante de ti para que puedas traer de allá una mujer para mi hijo. Si la mujer no está dispuesta a venir contigo, quedarás libre de este juramento; pero ¡en ningún caso llevarás a mi hijo hasta allá!" (Génesis 24:5-8).

Abraham fue contundente: Isaac necesitaría una esposa dispuesta a viajar a una tierra extranjera y ayudarlo a construir el legado que Dios le había prometido cumplir en ese lugar. Entonces el siervo de Abraham hizo un juramento, tomó diez camellos y todo tipo de presentes, y partió.

Es probable que el viaje haya tomado semanas, y a medida que el grupo se acercaba a la ciudad de Najor, donde vivía el hermano de Abraham, la caravana se detuvo. Justo sucedió cuando las mujeres de la ciudad salían a recoger agua del pozo. El fiel siervo de Abraham pidió ayuda divina.

Entonces comenzó a orar: "Señor, Dios de mi amo Abraham, te ruego que hoy me vaya bien, y que demuestres el amor que le tienes a mi amo. Aquí me tienes, a la espera junto a la fuente, mientras las jóvenes de esta ciudad vienen a sacar agua. Permite que la joven a quien le diga: 'Por favor, baje usted su cántaro para que tome yo un poco de agua', y que me conteste: 'Tome usted, y además les daré agua a sus camellos', sea la que tú has elegido para tu siervo Isaac. Así estaré seguro de que tú has demostrado el amor que le tienes a mi amo". Aún no había terminado de orar cuando vio que se acercaba Rebeca, con su cántaro al hombro. Rebeca era hija de Betuel, que a su vez era hijo de Milca y Najor, el hermano de Abraham (Génesis 24:12-15).

Inmediatamente se nos dicen algunas cosas sobre Rebeca en los versos que siguen. Era de la familia correcta para Isaac, era hermosa y era diligente.

Cuando el criado corrió a su encuentro y le dijo: "¿Podría usted darme un poco de agua de su cántaro?". "Sírvase, mi señor", le respondió. Y en seguida bajó el cántaro y, sosteniéndolo entre sus manos, le dio de beber. Cuando ya el criado había bebido, ella le dijo: "Voy también a sacar agua para que sus camellos beban todo lo que quieran". De inmediato vació su cántaro en el bebedero, y volvió corriendo al pozo para buscar más agua, repitiendo la acción hasta que hubo suficiente agua para todos los camellos. Mientras tanto, el criado de Abraham la observaba en silencio, para ver si el Señor había coronado su viaje con éxito (Génesis 24:17-21).

¡Bingo! ¿Era la correcta? El siervo de Abraham observó de cerca a la mujer, que parecía como enviada del cielo. Ciertamente era hospitalaria y trabajadora. Leí por ahí que estos camellos pueden haber consumido hasta cuarenta galones de agua cada uno, ¡y eran diez! Si un galón de agua pesa más de ocho libras (cuatro kg), Rebeca estaba haciendo una clase de esfuerzo de la combinación de *crossfit* y entrenamiento personalizado, y lo hizo de forma voluntaria.

El siervo de Abraham se presentó ante Rebeca con regalos costosos para demostrarle la riqueza de su amo, y le pidió quedarse con su familia esa noche. Ella lo recibió en su casa amablemente. El siervo tenía una misión y de inmediato se gozó de que Dios había bendecido su esfuerzo.

Entonces el criado de Abraham se arrodilló y adoró al Señor con estas palabras: "Bendito sea el Señor, el Dios de mi amo Abraham, que no ha dejado de manifestarle su amor y fidelidad, y que a mí me ha guiado a la casa de sus parientes" (Génesis 24:26-27).

Rebeca fue corriendo a contarle las noticias a su familia. Su hermano, Labán, estaba muy contento de recibir en su casa al generoso extraño. Desplegaron la alfombra roja, le lavaron los pies al viajero y a los hombres que lo acompañaban, y sirvieron la comida. Pero el siervo de confianza de Abraham no iba a comer hasta no decirles exactamente por qué estaba allí. Quería llevarse a Rebeca con Isaac, y necesitaba saber si su familia estaría de acuerdo con el matrimonio. El padre y el hermano no dudaron.

Labán y Betuel respondieron: "Sin duda todo esto proviene del Señor, y nosotros no podemos decir ni que sí ni que no. Aquí está Rebeca; tómela usted y llévesela para que sea la esposa del hijo de su amo, tal como el Señor lo ha dispuesto". Al escuchar esto, el criado de Abraham se postró en tierra delante del Señor. Luego sacó joyas de oro y de plata, y vestidos, y se los dio a Rebeca. También entregó regalos a su hermano y a su madre (Génesis 24:50-53).

Resulta casi incomprensible lo rápido que sucedió, y cuán confiados eran Rebeca y su familia. Claramente vieron la mano de Dios en estos sucesos, aunque la madre y el hermano intentaron ganar tiempo la mañana siguiente. Querían pasar diez días más con ella, ¿y qué madre no puede verse reflejada? *¡Tan solo una visita más antes de que empaques para irte a la universidad! ¡Tan solo una cena familiar más antes de que te vayas!* Pero el siervo de Abraham los instó a no retrasar el regreso. En lo que parece ser un giro inusual, dijeron que dejarían decidir a Rebeca. Ella aceptó irse de inmediato y su familia la envió con la siguiente bendición:

> Hermana nuestra: ¡que seas madre de millares! ¡Que dominen tus descendientes las ciudades de sus enemigos! (Génesis 24:60).

Viajaron de regreso con Isaac, que parecía emocionado con la pareja que se iba a formar. Génesis 24:64 nos cuenta el momento en que Rebeca vio a Isaac. El hebreo traducido literalmente es *vatipolme'alhagamal* o "se cayó del camello". La versión de este versículo en la Biblia en inglés Árbol de Vida dice:

> También Rebeca levantó la vista y vio a Isaac. Luego se cayó del camello (Génesis 24:64).

¿Estaba acaso tan contenta por lo que vio en Isaac que casi se bajó de golpe? El final de Génesis 24 simplemente nos dice: "Y la tomó por esposa. Isaac amó a Rebeca".

¡Esta historia de amor comenzó muy bien! Rebeca provenía de la línea familiar correcta, era hermosa, trabajadora y confiaba en los planes de Dios, a pesar de no tener un previo aviso ni muchos detalles de lo que iba a suceder cuando dejara atrás a toda su familia como la había conocido hasta entonces. Y para rematarlo, su nuevo esposo era próspero y estaba loco por ella.

Hay un paralelismo en lo que Dios Padre ha hecho por cada una de ustedes que están leyendo (o escuchando) este libro. Al igual que para el hijo de Abraham, Isaac, también ha sido preparada una novia para Cristo, el Hijo. Nosotros, la Iglesia, somos la novia, y al igual que Rebeca, fuimos comprados a un precio muy alto. Fuimos buscados y llevados a una nueva familia. Somos preciados y colmados de amor. Pero eso no siempre significa que seamos agradecidos ni fieles. Esa es la parte nuestra que vemos reflejada en lo que finalmente se convirtió Rebeca.

Rebeca, la esposa y la madre

Génesis 25:20 nos dice que Isaac tenía cuarenta años cuando se casó con Rebeca. Tan solo un versículo después nos enteramos de que Rebeca era estéril, y que Isaac oró por ella. Recuerda que el pacto abrahámico dependía de que la esposa de Isaac tuviera hijos que se convertirían en "una gran nación" (Génesis 12:1-3). ¡Era una gran presión! Dios escuchó las plegarias de Isaac, y Rebeca concibió. ¡Apenas en el versículo 26 sabemos que Isaac tenía sesenta años cuando ella finalmente dio a luz! Ese no es un dato insignificante. Veinte años esperando la maternidad, veinte años de oraciones por parte de Isaac y de la tardanza en la respuesta de Dios. ¿Cómo fueron esos años para la pareja? Al igual que Abraham, Isaac conocía las promesas de Dios acerca de su descendencia y de lo que vendría. ¿Él fue capaz de descansar en ella? ¿Y Rebeca? No sabemos nada sobre las conversaciones que tuvieron durante esas dos décadas anhelando un hijo.

Cuando finalmente quedó embarazada, parece que tampoco fue fácil. Mucho antes de que existieran las ecografías, es difícil imaginarse que pudiese saber que estaba esperando mellizos, pero definitivamente estaba teniendo problemas. La vemos acercarse a Dios en oración, y pedirle una explicación para su lucha. Rebeca e Isaac vivían en Beer-lahai-roi en ese tiempo, el mismo lugar en que Agar (la sierva de la esposa de Abraham que había dado a luz a su hijo Ismael) tuvo un encuentro con Dios mientras escapaba. Beer-lahai-roi se traduce como "pozo del viviente que me ve", exactamente lo que Agar experimentó cuando Dios se conectó con ella allí mismo (Génesis 16:13-14). Una generación después, podemos ver que Rebeca en medio de una confusión también se acerca a Dios, y lo oye directamente.

Y él le contestó: "Dos naciones hay en tu seno; dos pueblos se dividen desde tus entrañas. Uno será más fuerte que el otro, y el mayor servirá al menor (Génesis 25:23).

Después de toda esa espera, Rebeca supo que estaba esperando dos bebés, y estaban destinados a ser separados. Es fácil imaginar a Rebeca pensando que cualquier hijo suyo sería parte de la "gran nación" prometida, pero después de la revelación de Dios era claro que serían dos naciones *diferentes*. No debe haber sido sencillo de digerir. Dios estaba declarando su elección soberana del menor sobre el mayor.

Los niños crecieron. Esaú era un hombre de campo y se convirtió en un excelente cazador, mientras que Jacob era un hombre tranquilo que prefería quedarse en el campamento. Isaac quería más a Esaú, porque le gustaba comer de lo que él cazaba; pero Rebeca quería más a Jacob (Génesis 25:27-28).

Era obvio que eran dos niños diferentes, con intereses diferentes. No parece que Isaac y Rebeca se esforzaran por salvar las diferencias entre los muchachos. ¿Qué hubiese sucedido si los padres simplemente hubiesen aceptado la profecía de Dios y trabajado juntos en preparar a sus hijos para el futuro que Dios les tenía planeado?

Probablemente Rebeca estaba encantada de tener un hijo dispuesto a compartir su mundo, al que no le importase pasar el rato en las carpas con su madre y los sirvientes. Habría sido el hijo en el que podría confiar las tareas de la casa, que aprendiese a administrar el hogar, y que lentamente se convirtiese en su mano derecha. Rebeca no tuvo más hijos después de los mellizos, así que no hubo ninguna hija para compartir su mundo. Debe haber parecido un enorme regalo el tener a este hijo que quería vivir en el mismo mundo que ella, que prefería su compañía a la de su padre o su hermano. El amor de Isaac por Esaú también parecía consistir en disfrutar lo que su hijo podía hacer por él.

Es difícil evitar interpretar que estos padres comenzaron a utilizar a sus hijos como principal conexión emocional, en lugar de la conexión que debían tener como matrimonio. ¿Acaso se abrió un abismo entre esposo y esposa a medida que Isaac se acercaba a Esaú, y Rebeca a Jacob? Aquí, las Escrituras nos muestran una imagen de una familia verdaderamente desequilibrada, en la que la conexión entre marido y mujer ha sido usurpada por la conexión entre progenitor e hijo. Se puede ver con facilidad cuán gradual puede haber sido, y cuán natural puede haber parecido para Isaac y Rebeca que se abriera un abismo entre ellos a medida que ambos derramaban su energía emocional en el niño que mejor los reflejaba individualmente.

Y por mucho que Isaac amase a Rebeca, en Génesis 26 vemos que él tampoco dejó de poner en un potencial peligro a su esposa, como lo había hecho su padre, Abraham, con Sara, su madre. Así como Abraham había viajado buscando alivio durante la hambruna y acabó mintiendo y diciendo que su esposa era su "hermana", Isaac siguió su ejemplo. Durante la hambruna siguiente, Isaac y Rebeca también empezaron a viajar y Dios le advirtió a Isaac que no fuese a Egipto. Le recordó el pacto que había hecho con su padre y le ordenó que se estableciese en Gerar.

Y cuando la gente del lugar le preguntaba a Isaac acerca de su esposa, él respondía que ella era su hermana. Tan bella era Rebeca que Isaac tenía miedo de decir que era su esposa, pues pensaba que por causa de ella podrían matarlo. Algún tiempo después, mientras Abimélec, el rey de los filisteos, miraba por una ventana, vio a Isaac acariciando a su esposa Rebeca. Entonces mandó llamar a Isaac y le dijo: "¡Conque ella es tu esposa! ¿Por qué dijiste que era tu hermana?". "Yo pensé que por causa de ella podrían matarme", contestó Isaac (Génesis 26:7-9).

Isaac repitió la acción cobarde de su padre al mentirles a unos extraños, y decir que su esposa era su "hermana" para protegerse a sí mismo. ¿Cómo se sentiría Rebeca al ser puesta en esta situación? Solo podemos imaginarlo.

Rebeca, la conspiradora

Cuando volvemos a ver a Rebeca, ya ha pasado cierto tiempo. La situación de Isaac en la tierra mejoró ininterrumpidamente. A diferencia de su padre, Abraham, cuya riqueza provenía solo de los rebaños y era nómada, Isaac permanecía en un mismo sitio el tiempo suficiente como para hacerse agricultor. Las Escrituras nos dicen: "Isaac sembró en aquella región, y ese año cosechó al ciento por uno, porque el Señor lo había bendecido. Así Isaac fue acumulando riquezas, hasta que llegó a ser muy rico" (Génesis 26:12-13). Su relación con los filisteos era precavida y respetuosa; envidiaban al hombre rico y poderoso, aunque el rey Abimelec cultivó una relación amistosa con Isaac (Génesis 26:1-22). Pero mientras la posición de la familia aumentaba en el mundo, las relaciones dentro de ella continuaban deteriorándose.

Mientras Esaú debe haber estado trayendo todos los trofeos de la caza, su hermano mellizo Jacob (menor por unos pocos minutos) estaba constantemente buscando ventaja. De forma irónica, Jacob también era un cazador, pero Esaú era su presa. ¿Acaso la profecía sobre el conflicto entre los hermanos estaba en su nuca? Es difícil creer que Rebeca no le hubiese dicho nada sobre la palabra de Dios a su hijo favorito. Tal vez, por esta razón a medida que aumentaban las diferencias entre Jacob y Esaú, Jacob aprovechó la oportunidad de explotar a su hermano en un momento de debilidad.

Un día, cuando Jacob estaba preparando un guiso, Esaú llegó agotado del campo y le dijo: "Dame de comer de ese guiso rojizo, porque estoy muy cansado". (Por eso a Esaú se le llamó Edom). "Véndeme primero tus derechos de hijo mayor", le respondió Jacob. "Me estoy muriendo de hambre", contestó Esaú, "así que ¿de qué me sirven los derechos de primogénito?". "Véndeme entonces los derechos bajo juramento", insistió Jacob. Esaú se lo juró, y fue así como le vendió a Jacob sus derechos de primogénito. Jacob, por su parte, le dio a Esaú pan y guiso de lentejas. Luego de comer y beber, Esaú se levantó y se fue. De esta manera menospreció sus derechos de hijo mayor (Génesis 25:29-34).

¿Por qué razón Esaú haría semejante cosa, tratar su herencia de forma tan negligente? La manera en que respondió a la exigencia de Jacob —"Me estoy muriendo de hambre... así que ¿de qué me sirven los derechos de primogénito?"— demuestra que estaba mucho más interesado en satisfacer su apetito físico inmediato que en cumplir su responsabilidad con la familia. (Y la responsabilidad con esta familia, que era el inicio de Israel, era un asunto más grande del que puedas tener en tu familia promedio normal). Arrogante e imprudente, Esaú dejó que sus deseos lo dirigieran a toda clase de decisiones precipitadas. Las Escrituras dicen que sus matrimonios con mujeres extranjeras ya le estaban provocando problemas en la familia, y debe haber contribuido a su naturaleza poco seria, porque el texto dice: "menospreció sus derechos de hijo mayor" (Génesis 25:34). Aunque Jacob claramente aprovechó la situación, Esaú no estaba indefenso. Más tarde, en la carta a los Hebreos se lo nombra por haber renunciado tan a la ligera a algo de tan grande valor.

Y de que nadie sea inmoral ni profano como Esaú, quien por un solo plato de comida vendió sus derechos de hijo mayor. Después, como ya saben, cuando quiso heredar esa bendición, fue rechazado: No se le dio lugar para el arrepentimiento, aunque con lágrimas buscó la bendición (Hebreos 12:16-17).

Esaú tomó una terrible decisión; eso está muy claro. ¿Pero acaso este fallo justificaba la traición que vino a continuación? ¿Y dónde estaban los padres para intervenir, antes de que la rivalidad entre los hermanos llegara a un punto sin retorno?

Da la casualidad de que uno de los padres intervino, pero la intromisión de Rebeca empeoró las cosas exponencialmente. Con ciento treinta y siete años, Isaac se acercaba a lo que pensaba que sería el final de su vida, y Rebeca quería asegurarse de que su amado Jacob se iría no solo con el derecho de hijo mayor (que garantizaba una doble porción de la herencia), sino también con la codiciada bendición de su padre.

Isaac había llegado a viejo y se había quedado ciego. Un día llamó a Esaú, su hijo mayor. "¡Hijo mío!", le dijo. "Aquí estoy", le contestó Esaú. "Como te darás cuenta, ya estoy muy viejo y en cualquier momento puedo morirme. Toma, pues, tus armas, tu arco y tus flechas, y ve al campo a cazarme algún animal. Prepárame luego un buen guiso, como a mí me gusta, y tráemelo para que me lo coma. Entonces te bendeciré antes de que muera". Como Rebeca había estado escuchando mientras Isaac le hablaba a su hijo Esaú, en cuanto este se fue al campo a cazar un animal para su padre, ella le dijo a su hijo Jacob: "Según acabo de escuchar, tu padre le ha pedido a tu hermano Esaú que cace un animal y se lo traiga para hacerle un guiso como a él le gusta. También le ha prometido que antes de morirse lo va a bendecir, poniendo al Señor como testigo. Ahora bien, hijo mío, escúchame bien, y haz lo que te mando. Ve al rebaño y tráeme de allí dos de los mejores cabritos, para que yo le prepare a tu padre un guiso como a él le gusta. Tú se lo llevarás para que se lo coma, y así él te dará su bendición antes de morirse" (Génesis 27:1-10).

¿Qué llevó a Rebeca a tener una conducta tan espantosa? Dios mismo le había dicho que el hermano mayor serviría al menor. Jacob ya le había quitado a Esaú su primogenitura. ¿Acaso Rebeca dudaba de que Dios llevara a cabo lo que le había dicho específicamente? ¿Su fe era tan superficial que pensaba que necesitaba darle una mano a Dios?

Las madres competitivas han tomado terribles decisiones a lo largo de los años. Recuerdo una historia que cubrí en el 2021 sobre una madre y una hija que supuestamente conspiraron para asegurarse de que la joven de diecisiete años se convirtiera en la reina del baile de su escuela en Florida. Los abogados dijeron que la madre, que era subdirectora del mismo distrito escolar, utilizó el acceso que tenía al sistema informático interno de los empleados para emitir cientos de votos falsos a favor de su hija. A ambas las imputaron por múltiples delitos y se enfrentaron a dieciséis años de prisión. Las dos lo negaron todo. Pero las acusaciones despertaron la pregunta: ¿qué llevaría a una madre a pensar que sería una decisión sabia abusar de su posición como líder escolar de confianza para manipular un concurso en favor de su hija? En caso de ser declaradas culpables, dudo que alguna de ellas dijese que una corona de diamantes falsa era tan valiosa como para destruir el futuro de la joven y acabar tras las rejas.

La joven en ese caso fue acusada como un adulto. Al igual que ella, Jacob era una persona individual, pero en ambos casos las dos madres tuvieron una influencia enorme y negativa sobre sus hijos. Cuando los errores de los padres —grandes o pequeños— tienen consecuencias inesperadas, ¿también soportan el peso de eso? ¿En qué momento los hijos adultos son responsables de sus propias acciones? Incluso si Jacob actuó enteramente por su cuenta en el tema de la primogenitura, su madre ciertamente no había hecho nada para alentarlo a pedir disculpas o disuadirlo de la rivalidad con su hermano. Rebeca en realidad fue un paso más allá, al manipular fácilmente a Jacob, que en ese momento tenía setenta y siete años, para que siguiera su engañosa trama.

Al final, no se trata de cuán responsables somos por las acciones de nuestros hijos, sino qué hemos hecho para ayudarlos a enfrentar y soportar las consecuencias de esas acciones. Parece que Rebeca le enseñó a su hijo cómo esquivar los efectos colaterales. Debido a eso, nunca se hizo realmente responsable hasta que no se fue de su casa y escapó de la influencia de su madre. Pero en ese momento en Génesis 27 el peor engaño aún no se había revelado.

Pero Jacob le dijo a su madre: "Hay un problema: mi hermano Esaú es muy velludo, y yo soy lampiño. Si mi padre me toca, se dará cuenta de que quiero engañarlo, y esto hará que me maldiga en vez de bendecirme" (Génesis 27:11-12).

¡Ah, muy bien! Entonces a Jacob no le importaba estafar a su moribundo padre. No, estaba más preocupado porque lo maldijeran por accidente.

Aquí es donde vemos a Rebeca descarrilarse verdaderamente.

"Hijo mío, ¡que esa maldición caiga sobre mí!", le contestó su madre. "Tan solo haz lo que te pido, y ve a buscarme esos cabritos". Jacob fue a buscar los cabritos, se los llevó a su madre, y ella preparó el guiso tal como le gustaba a su padre. Luego sacó la mejor ropa de su hijo mayor Esaú, la cual tenía en casa, y con ella vistió a su hijo menor Jacob. Con la piel de los cabritos le cubrió los brazos y la parte lampiña del cuello, y le entregó a Jacob el guiso y el pan que había preparado (Génesis 27:13-17).

El punto al que Rebeca había tomado el control del albedrío moral de Jacob aquí es cruel y preocupante. "Que esa maldición caiga sobre mí", dijo, transmitiendo otra vez que estaba dispuesta a tomar cualquier riesgo con tal de asegurarse de que su hijo favorito saliera ganando. *Ella* fue a buscar la ropa de Esaú. *Ella* adulteró la piel de cabra y las adaptó acorde a las manos y el cuello de Jacob. *Ella* preparó la comida para darle a Isaac. Rebeca planeó cada paso de esta engañosa trama, y solo pedía que Jacob le obedeciese y siguiese su mentira. Parece que ella había impedido de tal manera el propio crecimiento emocional de Jacob que él parecía un muñeco en sus manos, una dócil marioneta.

Las madres poseen una influencia increíble sobre sus hijos, pero cuando se obsesionan con manipular todo aquello que entorpece el futuro que imaginan para ese hijo, no puede salir nada bueno. Es tentador. Tan solo observa el escándalo con las admisiones universitarias que estalló en el 2019. La operación policial que lo sacó a la luz fue apodada Operación Varsity Blues. Entre las personas arrestadas, acusadas y encarceladas se encontraban madres prominentes. En algunos casos, sus hijos no tenían conocimiento sobre las calificaciones falsas de las pruebas o de las fraudulentas solicitudes a la universidad. En otros, los hijos lo sabían y eran partícipes. ¿Cuánto daño se hace cuando un hijo sigue la trampa de una madre en la que confía para que tenga en mente sus intereses, cuando el final del juego no es nada sino una red elaborada de engaño? Se propaga de por vida, y a veces por generaciones.

No perdamos de vista a Isaac. Ya era anciano y estaba ciego, y es posible que su memoria y su mente se estuvieran apagando también. A pesar de todos esos desafíos, cuando Jacob se presentó ante su padre vestido con su rudimentario disfraz de piel de cabra, Isaac sintió algo extraño.

Jacob se presentó ante su padre y le dijo: "¡Padre!". "Dime, hijo mío, ¿quién eres tú?", preguntó Isaac. "Soy Esaú, tu primogénito", le contestó Jacob. "Ya hice todo lo que me pediste. Ven, por favor, y siéntate a comer de lo que he cazado; así podrás darme tu bendición". Pero Isaac le preguntó a su hijo: "¿Cómo fue que lo encontraste tan pronto, hijo mío?". "El Señor tu Dios me ayudó", respondió Jacob (Génesis 27:18-20).

Muy bien. Este es el momento exacto en el que empezaría a preocuparme de que me parta un rayo. Rebeca y Jacob estaban involucrados en el vergonzoso plan para engañar —no simplemente a un anciano al azar— sino a su propio esposo y padre respectivamente. A punto de quedar expuesto, Jacob invocó el nombre de Dios para cubrir sus huellas engañosas. Nos lamentamos ante nuestro Padre celestial cuando pecamos, ¿pero invocar su nombre en el proceso? Es un indicio de cuán lejos Jacob se encontraba de la adoración y del compromiso con Dios que pudo arrastrar despreocupadamente el nombre de Dios en esta conspiración. Isaac seguía teniendo preguntas.

Isaac le dijo: "Acércate, hijo mío, para que pueda tocarte y saber si de veras eres o no mi hijo Esaú". Jacob se acercó a su padre, quien al tocarlo dijo: "La voz es la de Jacob, pero las manos son las de Esaú". Así que no lo reconoció, porque sus manos eran velludas como las de Esaú. Ya se disponía a bendecirlo cuando volvió a preguntarle: "¿En serio eres mi hijo Esaú?". "Claro que sí", respondió Jacob (Génesis 27:21-24).

Hay una crueldad intencionada en esta escena. ¿Cómo pudo llegar Rebeca al punto de estar descaradamente dispuesta a traicionar a su anciano esposo, incluso cuando sus facultades flaqueaban? En los pasajes anteriores vemos que hacía tiempo Rebeca había abandonado su lealtad emocional hacia Isaac en favor de la conexión con su hijo. ¿Acaso Isaac había hecho lo mismo con Esaú? ¿De qué manera pudo esta familia, que comenzó con una prometedora historia de amor, convertirse en la trama de una mala telenovela?

Parece que Isaac y Rebeca se habían apartado uno del otro para enfocarse exclusivamente en sus hijos. Tal como hemos visto, cada uno permitió que su propia relación con su hijo preferido se volviera lo más importante, en lugar de la conexión matrimonial. El impulso de apartar al cónyuge y levantar al hijo no es nada nuevo en nuestra cultura; es tan antiguo como la civilización humana. Pero aquí la Biblia nos advierte sobre los verdaderos riesgos de hacerlo: pone en peligro el desarrollo emocional y moral del niño, el matrimonio y la felicidad, y estabilidad de toda la familia.

Finalmente, Rebeca llegó a tratar a su esposo con semejante desprecio que en el momento de mayor vulnerabilidad lo veía nada más que como un objeto manipulable, una cosa más que usar para ampliar la ventaja de la persona que más le importaba: su hijo. Si bien gran parte de la sociedad a menudo comunica a los padres que no hay nada más importante que enfocarse en sus hijos, la Biblia nos recuerda que la mejor manera de darle a los niños el amor y apoyo que necesitan es dándoselos primero a nuestro cónyuge y siendo modelo de un matrimonio saludable.

Al final, Isaac fue persuadido por las mentiras de Jacob y lo prodigó con una hermosa y generosa bendición.

Entonces su padre le dijo: "Tráeme lo que has cazado, para que lo coma, y te daré mi bendición". Jacob le sirvió, y su padre comió. También le llevó vino, y su padre lo bebió.

Luego le dijo su padre: "Acércate ahora, hijo mío, y dame un beso". Jacob se acercó y lo besó. Cuando Isaac olió su ropa, lo bendijo con estas palabras: "El olor de mi hijo es como el de un campo bendecido por el Señor. Que Dios te conceda el rocío del cielo; que de la riqueza de la tierra te dé trigo y vino en abundancia. Que te sirvan los pueblos; y que ante ti se inclinen las naciones. Que seas señor de tus hermanos; que ante ti se inclinen los hijos de tu madre. Maldito sea el que te maldiga, y bendito el que te bendiga" (Génesis 27:25-29).

¿Rebeca escuchó algo de este intercambio? ¿Estaba acaso acostada espiando en la puerta de la tienda? Es fácil imaginarla oyendo con alegría toda la conversación a escondidas, emocionada porque su intrincado plan finalmente había cimentado cualquier beneficio posible para Jacob y su futuro.

Después de que Jacob se fue, tuvo lugar una de las escenas más desgarradoras de toda la Biblia. Un Esaú ignorante de la situación fue por su bendición, para descubrir en seguida lo que acababa de suceder y al mismo tiempo muy ciertamente romper el corazón de Isaac a medida que la traición que había sufrido en manos de propio hijo comenzaba a decantar.

No bien había terminado Isaac de bendecir a Jacob, y este de salir de la presencia de su padre, cuando Esaú volvió de cazar. También él preparó un guiso, se lo llevó a su padre y le dijo: "Levántate, padre mío, y come de lo que ha cazado tu hijo. Luego podrás darme tu bendición". Pero Isaac lo interrumpió: "¿Quién eres tú?". "Soy Esaú, tu hijo primogénito", respondió. Isaac comenzó a temblar y, muy sobresaltado, dijo: "¿Quién fue el que ya me trajo lo que había cazado? Poco antes de que llegaras, yo me lo comí todo. Le di mi bendición, y bendecido quedará". Al escuchar Esaú las palabras de su padre, lanzó un grito aterrador y, lleno de amargura, le dijo: "¡Padre mío, te ruego que también a mí me bendigas!". Pero Isaac le respondió: "Tu hermano vino y me engañó, y se llevó la bendición que a ti te correspondía" (Génesis 27:30-35).

Desesperado, enojado y aterrado, Esaú comenzó a rogar por una pizca de bendición de su devastado padre. En aquellos tiempos, una vez que se daba una bendición, era básicamente tan vinculante como un contrato. Esaú sabía que le habían saqueado toda su vida. Ya había entregado su primogenitura voluntariamente. Pero siendo el hermano mayor, contaba con el hecho de que al final aún tendría la bendición de Isaac. La aplastante realidad de que la bendición se había ido fue una conmoción para el sistema de Esaú.

Esaú atacó verbalmente, apuntando al origen mismo de la disputa entre los mellizos. Cuando él nació, Jacob estaba literalmente colgando de su pie (Génesis 25:26). El nombre de Jacob significa "agarrar el talón", una expresión hebrea para "engaño". A medida que la devastadora realidad de la última hipocresía de Jacob se asentaba en Esaú, se remitió a esa historia.

"¡Con toda razón le pusieron Jacob!", replicó Esaú. "Ya van dos veces que me engaña: primero me quita mis derechos de primogénito, y ahora se lleva mi bendición. ¿No te queda ninguna bendición para mí?" (Génesis 27:36).

No olvidemos el propio papel de Esaú en renunciar a su primogenitura. ¿Jacob sacó ventaja? Sí, pero Esaú tomó a la ligera su papel y fue descuidado con algo que debería haber valorado muchísimo más. Esa fue la elección de Esaú. El asunto relativo a la bendición antes de la muerte de Isaac no.

Ahora imagina a Isaac, engañado y manipulado por los miembros más cercanos de su familia y sin nada ya para entregarle a su amado hijo.

Pero Esaú insistió: "¿Acaso tienes una sola bendición, padre mío? ¡Bendíceme también a mí!". Y se echó a llorar. Entonces su padre le dijo: "Vivirás lejos de las riquezas de la tierra, lejos del rocío que cae del cielo. Gracias a tu espada, vivirás y servirás a tu hermano. Pero, cuando te impacientes, te librarás de su opresión". A partir de ese momento, Esaú guardó un profundo rencor hacia su hermano por causa de la bendición que le había dado su padre, y pensaba: "Ya falta poco para que hagamos duelo por mi padre; después de eso, mataré a mi hermano Jacob" (Génesis 27:38-41).

Si antes fue posible pensar en Esaú como un villano irresponsable y negligente —el bruto irracional que su hermano probablemente veía— esa versión había desaparecido. Parece que finalmente comprendió lo que Jacob le había quitado. Esaú "lanzó un grito aterrador", nos dice la Biblia, y "se echó a llorar" (Génesis 27:34, 38). ¿Cómo no sentir algo de compasión por este hombre del que su hermano se burló a cada paso; y ahora también lo había hecho su propia madre? En esta historia tremendamente complicada, incluso los chicos malos no siguen siendo chicos malos. Hacia el final del relato, nuestra compasión por Jacob casi se ha evaporado.

¿Y qué sucede con Rebeca, con las consecuencias de toda esta situación, cuando se entera de que Esaú planea asesinar a su propio hermano?

Cuando Rebeca se enteró de lo que estaba pensando Esaú, mandó llamar a Jacob, y le dijo: "Mira, tu hermano Esaú está planeando matarte para vengarse de ti. Por eso, hijo mío, obedéceme: Prepárate y huye en seguida a Jarán, a la casa de mi hermano Labán, y quédate con él por un tiempo, hasta que se calme el enojo de tu hermano. Cuando ya se haya tranquilizado, y olvide lo que le has hecho, yo enviaré a buscarte. ¿Por qué voy a perder a mis dos hijos en un solo día?" (Génesis 27:42-45).

Aquí podemos observar dos puntos claves. Rebeca estaba reconociendo que había perdido a Esaú. Ya debería de haberlo calculado, pero ahora la realidad de lo que le había hecho a su hijo mayor había llegado. A su relación ya le habían quedado cicatrices para siempre. El segundo impacto de su pecado significaba que tendría que enviar a Jacob lejos de ella; el hijo al que amaba porque era el que pasaba tiempo con ella en las tiendas y hacía lo que ella valoraba. Qué irónico que al aprovechar cada posible ángulo de la ventaja de Jacob, básicamente también lo había perdido a él.

Rebeca aún no había terminado con su confabulación. Después de haber traicionado a Isaac, fue un paso más allá. Cuando tendría que haber confesado su papel en toda la estafa y pedir perdón, aprovechó la oportunidad, en cambio, para quejarse por las esposas de Esaú y engañar una vez más a Isaac.

Luego Rebeca le dijo a Isaac: "Estas mujeres hititas me tienen harta. Me han quitado las ganas de vivir. Si Jacob se llega a casar con una de las hititas que viven en este país, ¡más me valdría morir!" (Génesis 27:46).

Rebeca redobló sus mentiras y pasó de una artimaña a otra. En lugar de contarle a su esposo la verdadera razón por la cual quería que Jacob se fuera rápido de la ciudad, inventó una excusa convincente para enviarlo lejos con su hermano, Labán. Isaac, por supuesto, era consciente de que lo habían engañado, pero no queda claro si ya había descubierto que Rebeca era el origen de ese complot. Isaac le había dicho a Esaú: "tu hermano vino y me engañó, y se llevó la bendición que a ti te correspondía" (Génesis 27:35), pero no nombró a Rebeca, y es posible que no se diera cuenta —o no le gustara la idea— de que su propia esposa estaba detrás de lo que les había sucedido a Esaú y a él. Pero las relaciones entre ellos deberían ser tensas. Ella podría haberle dicho simplemente: *Tenemos que enviar lejos a Jacob porque Esaú planea matarlo,* pero después de todo lo que había sucedido, tal vez estaba preocupada de que Isaac no detuviese los planes de venganza de Esaú.

Este es el último pasaje en que aparece Rebeca; no se vuelve a decir nada más en la Biblia. Jacob emprende su viaje hacia la familia de Labán, y acaba siendo víctima de una especie de justicia divina. Lo que Jacob se encontró en ese viaje probablemente fue mucho más de lo que jamás se hubiese imaginado. Recuerda que cuando Jacob engañó a su propio padre, invocó el nombre de Dios para apoyar su plan. Observa *cómo* lo expresó. Jacob le dijo a Isaac: "El Señor tu Dios me ayudó" (Génesis 27:20). Es un detalle pequeño pero revelador el que Jacob no dijese "el Señor *nuestro* Dios" sino "el Señor *tu* Dios". Dios no se encontraba en los asuntos de Jacob; algo por lo cual su padre se tenía que preocupar, pero no él. Recién cuando Jacob dejó su hogar (y la manipulación de su madre) bien lejos pudo convertirse finalmente en la persona que estaba destinada a ser. Recién cuando se separó de esa familia disfuncional pudo encontrar al Dios vivo.

Tanto Jacob como Esaú tuvieron que madurar, una vez libres de la influencia de sus padres. En el desierto, Jacob tuvo varios encuentros con Dios. Muchos años después hasta luchó con "un hombre" (la descripción de Jacob del encuentro de Génesis 32:30 —"he visto a Dios cara a cara"— ha llevado a muchos a creer que era Dios mismo) al punto de dejarlo cojo. Pero como resultado de este combate cuerpo a cuerpo, Jacob recibió un nuevo nombre: Israel, que significa "él lucho con Dios". Jacob finalmente recibió una bendición de un Padre diferente, una bendición que obtuvo por mera terquedad. Dios había escogido a Jacob desde antes que naciese como parte de su plan maestro.

¿Y qué sucedió con Esaú, que años antes había caído en desgracia y había sido desheredado? ¿Solo porque Jacob era el elegido significaba que Esaú se perdiese para siempre? El otorgamiento del nombre Israel a Jacob se comparaba en las Escrituras con la bendición que Jacob *realmente* no vio venir. Después del combate de lucha libre sobrenatural, Jacob pronto se encontró con Esaú otra vez después de todos esos años de separación y hostilidad. Petrificado por el recuerdo de la ira de Esaú, Jacob intentó comprar el favor de su hermano enviándole como regalo unos rebaños de ovejas. Pero mira lo que sucedió cuando la familia se encontró:

> Cuando Jacob alzó la vista y vio que Esaú se acercaba con cuatrocientos hombres, repartió a los niños entre Lea, Raquel y las dos esclavas. Al frente de todos colocó a las criadas con sus hijos, luego a Lea con sus hijos, y por último a Raquel con José. Jacob, por su parte, se adelantó a ellos, inclinándose hasta el suelo siete veces mientras se iba acercando a su hermano. Pero Esaú corrió a su encuentro y,

echándole los brazos al cuello, lo abrazó y lo besó. Entonces los dos se pusieron a llorar...

"¿Qué significan todas estas manadas que han salido a
mi encuentro?", preguntó Esaú. "Intentaba con ellas ganar-
me tu confianza", contestó Jacob. "Hermano mío", repuso
Esaú, "ya tengo más que suficiente. Quédate con lo que te
pertenece" (Génesis 33:1-4, 8-9).

¿Quién era *este*? Esaú había tenido un cambio completo
de corazón. Después de años "lejos de las riquezas de la tierra, lejos del rocío que cae del cielo. Gracias a tu espada..."
que Isaac le había profetizado a su hijo mayor (Génesis 27:39-
40), Esaú finalmente "se libr[ó] de su opresión [de Jacob]" (Génesis 39:40), que tomó la forma más inesperada de quitarse
el odio por su hermano.

Esaú se había deshecho de una carga de enojo y lucha y
había abrazado a su hermano mellizo, el mismo que le había
robado a sus espaldas su lugar de privilegio. ¡Qué hermoso,
aunque breve, momento de armonía en esta familia llena de
problemas! Debe haber sido difícil de creer para Jacob; de hecho, todavía era tan reticente que llevó los rebaños hacia tierras paganas en lugar de reconciliarse por completo con su
hermano. Aun así, es una imagen de perdón. Más tarde, Dios
les iba a ordenar a los israelitas no "aborrecer" a los descendientes de Esaú porque eran familia (Deuteronomio 23:7).

¿Qué hubiese sido de las vidas de Jacob y Esaú si no hubiesen sido divididos por el favoritismo de sus padres, y por
las destructivas artimañas de Rebeca? Quizá se hubiesen re-
conciliado antes. La redención de Esaú ilustra de una bella
manera cómo, con humildad y arrepentimiento, se pueden
superar aun las peores traiciones. Esta reunión de hermanos
llegó a pesar de los esfuerzos de su madre, no gracias a ellos.

Egoísta hasta el final, Rebeca le había dicho a Jacob que necesitaba escapar de la ira de Esaú para no perder así a sus dos hijos el mismo día. Vio las consecuencias solo a través del lente de lo que le sucedería a ella, y se enfocó solamente en su potencial pena y dolor. No podía ver la angustia de Isaac, ni la de Esaú, ni tampoco la de Jacob. Había visto en Jacob un receptáculo para sus propios sueños y esperanzas, y lo había empujado a convertirse en quien ella deseaba que fuese. Rebeca supuso que, si Jacob iba a ir delante, dependería de ella. Se negó a entregar el bienestar de su hijo a Dios. No estaba dispuesta a dejar que sus promesas se cumpliesen sin ella entrometerse. Muchas de nosotras nos sentimos tentadas a incursionar en este camino, en lugar de confiar en la inquebrantable capacidad de Dios de cumplir lo que prometió.

El suegro de Rebeca, Abraham, había estado literalmente dispuesto a entregar a Dios a su propio hijo amado cuando creyó que Dios le estaba pidiendo sacrificar a Isaac en el altar. Abraham había estado dispuesto a confiar en Dios más allá de lo que la mayoría de nosotras podemos imaginarnos. Abraham sabía que Dios cumpliría su promesa de proteger a sus descendientes, incluso si eso significaba resucitar a Isaac. A pesar de haber recibido una promesa divina sobre el destino de bendición de su hijo, Rebeca era lo opuesto a Abraham. Se aferró a su hijo, sin mostrar nada de fe en las promesas de Dios. Al final, Jacob terminó conociendo a Dios solo después de haber dejado atrás a su madre. Por casi asfixiarlo, Rebeca acabo perdiéndolo.

En el evangelio de Juan, Jesús nos dice: "El que se apega a su vida la pierde; en cambio, el que aborrece su vida en este mundo la conserva para la vida eterna" (Juan 12:25). El mismo principio puede ser verdad para uno de los regalos de Dios más preciados: los hijos. Cuando las madres permiten que sus deseos, planes y proyectos tengan prioridad sobre lo que Dios ha planeado para sus hijos, olvidan que su vocación sagrada de maternidad requiere darle a Dios lo que siempre fue de Él. Cuando las madres guían desinteresadamente a sus hijos a descifrar lo que Dios ha planeado para sus vidas, pueden descansar al saber que han cumplido con su propósito como madre. Es humano sentir temor, pero sabemos que Dios es bueno y siempre dispone todas las cosas para el bien de quienes lo aman y son llamados de acuerdo con su propósito (Romanos 8:28).

Señor Dios, concede a las madres el valor para entregarte a sus hijos. Ayúdalas a colocar las esperanzas y los sueños de sus preciosos hijos en tus manos, al rendirlos a tu perfecta voluntad. Te pedimos que dirijas el amor de nuestras familias hacia el camino correcto, y para los propósitos más santos. Ayúdanos a honrar tu diseño para el matrimonio. Concede a las madres de todo el mundo la fuerza para reconocer que sus propios planes para sus hijos nunca pueden ser mejores de lo que tú tienes para ellos, en tu infinita sabiduría y compasión.

Preguntas de estudio sobre Rebeca

1. ¿Por qué Abraham fue tan estricto acerca de dónde debía provenir la esposa de Isaac? (Génesis 24:1-9) ¿Qué promesas del pacto se habían profetizado a través de Isaac? Contrasta eso con la elección de esposas de Esaú más tarde en la historia (Génesis 26:34; 27:46; Génesis 28:8-9).

2. ¿Qué proceso llevó a cabo el siervo de Abraham al buscar una esposa para Isaac, y cómo respondió Dios a sus oraciones? (Génesis 24:10-27). ¿De qué manera enfrentas una tarea difícil cuando las perspectivas parecen abrumadoras?

3. La historia de amor entre Rebeca e Isaac tuvo un comienzo muy prometedor, seguido de veinte años de infertilidad y luego un embarazo complicado. ¿Cómo crees que la profecía de Dios respecto al hijo por nacer de Rebeca impactó en ella y en Isaac como padres? (Génesis 25:23)

4. ¿Qué significaba la primogenitura para los hijos en los tiempos antiguos, y quién crees que era más culpable respecto a lo que sucedió entre Jacob y Esaú en Génesis 25:27-33? ¿Qué te dice la interacción sobre cada hijo?

5. ¿Acaso Isaac dio el ejemplo del engaño para esta familia? (Génesis 26:7-11) ¿Cuál fue el posible mensaje que envió a Rebeca y a sus hijos?

6. ¿Por qué Rebeca estuvo dispuesta a traicionar a su esposo de semejante manera? (Génesis 27:1-46). ¿Qué dice sobre su fe en Dios y en sus promesas? ¿Cuánta responsabilidad tiene Jacob?

Betsabé

Si el nombre Betsabé te trae a la mente la imagen de una tramposa seductora que atrapó a un rey en una relación ilícita, no eres la única. Al igual que yo, seguramente hayas visto en la escuela dominical su personaje hecho en una figura de tela mirando por arriba del hombro con una mirada provocativa. ¡Es decir que era tan atrevida como esos guiones gráficos! Quizá, con el tiempo, hayas aprendido más acerca de Betsabé al leer las Escrituras por ti misma, y sabes que no es la mujer unidimensional juzgada con tanta facilidad y rechazada. Si aún continuas indecisa, te pido que me acompañes en este viaje para conocerla mejor, para ver lo que la Biblia nos dice sobre su extraordinaria vida: una vida que cambió el curso de la historia humana.

Betsabé, la viuda afligida

Desde el momento en que en 2 Samuel 11 se nos presenta a Betsabé, ya hay algo fuera de control. Se nos dice que era "en la primavera, que era la época en que los reyes salían de campaña" (2 Samuel 11:1), pero que el rey David no había ido con el ejército, como lo había hecho anteriormente tantas veces. ¿Por qué? No lo sé, pero el quedarse en Jerusalén le dio al rey tiempo para levantarse de la cama una noche y dar un paseo por la azotea del palacio. A eso hora y desde ese lugar, vio a una "mujer... sumamente hermosa" que se estaba bañando (2 Samuel 11:2). La Biblia no da ningún indicio de que Betsabé pensara que alguien pudiese verla o de que ella estuviese intentando atraer la atención a esas altas horas de la noche donde se bañaba en privado. En realidad, estaba cumpliendo con las normas de aseo de las Escrituras. Esto es lo que sucedió a continuación:

> Por lo que David mandó que averiguaran quién era, y le informaron: "Se trata de Betsabé, que es hija de Elián y esposa de Urías el hitita" (2 Samuel 11:3).

Es casi como si la persona enviada a investigar sobre esta atractiva mujer le estuviese dando a David no solo información, sino una advertencia: *está casada... y conoces a su familia*. Momento para dar un pequeño contexto: en 2 Samuel 23 descubrimos que David sabía mucho sobre el esposo de Betsabé. Urías el hitita era parte de un grupo de elite de treinta "guerreros valientes" que protegieron a David y pelearon por él.

No sabemos cómo un hitita llegó a ser uno de los oficiales de más confianza del rey y un leal soldado de Israel, pero debió tener que ver con Betsabé. ¿Acaso Urías se convirtió a la fe hebrea porque se había enamorado de ella? Es probable que Urías no fuese el nombre con el que había nacido, porque en hebreo significa "el Señor es mi luz". Quienquiera que fuese, sabemos que había hecho la elección de ser y estar donde se encontraba, y supongo que Betsabé era parte de esa elección.

A pesar de su relación personal con Urías, David no tuvo ninguna duda cuando le dieron los detalles sobre Betsabé.

Entonces David ordenó que la llevaran a su presencia y, cuando Betsabé llegó, él se acostó con ella (2 Samuel 11:4).

¡Eso se agravó rápidamente! No tenemos manera de saber la conversación que pueden o no haber tenido, pero no olvidemos la enorme diferencia de poder. El ejército de Israel, que incluía al esposo de Betsabé, Urías, estaba lejos en la batalla en nombre del rey, y ella fue citada al palacio. El llamado del rey David no es la clase de invitación que probablemente pudiese rechazar.

Ponte en su lugar por un momento. Era la esposa de un militar. Tal vez pensó que había noticias de Urías. Debería haber corrido con el corazón en la garganta mientras se apresuraba a llegar al palacio, inquieta por las noticias que la esperaban. Imagina su respuesta al enterarse de que la noticia era que el rey David quería dormir con ella. ¿Se sentía halagada? ¿Estaba aterrorizada por ella misma, por el precio que sus seres queridos tendrían que pagar si ella se negaba? La Biblia no dice mucho al respecto; pero resulta claro que David, el rey, fue mucho más responsable de la pecaminosa aventura amorosa que aquella mujer que fue su objeto. Se nos dice que Betsabé regresó a su casa después de que David obtuvo lo que quería. Pronto supo que estaba embarazada y mandó a avisar al palacio.

En este punto, David tenía todas las cartas en la mano. Me pregunto cuán asustada debe haber estado Betsabé en esos agonizantes días y semanas, al darse cuenta de que llevaba un hijo que claramente no era de su esposo. Podrían haberla apedreado por adulterio. Urías hubiese estado justificado de rechazarla por completo. Sin estar dispuesto a hacerse responsable de su pecado, David decidió aumentar esta creciente lista de transgresiones. Tramó traer a Urías a casa desde el frente de batalla, con la esperanza de que el valiente guerrero durmiese con su esposa y creyese que el hijo era suyo. Así que David le envió la orden al comandante en jefe, Joab: "Mándame aquí a Urías el hitita" (2 Samuel 11:6). Cuando Urías llegó al palacio, David lo saludó afectuosamente y lo envió a su casa con Betsabé y le dio un regalo.

Pero, en vez de irse a su propia casa, se acostó a la entrada del palacio, donde dormía la guardia real (2 Samuel 11:9).

Oh, oh. David, tienes un problema. Al saber que su plan se estaba desmoronando, el rey llamó a Urías para que le explicara por qué no había ido.

"En este momento", respondió Urías, "tanto el arca como los hombres de Israel y de Judá se guarecen en simples enramadas, y mi señor Joab y sus oficiales acampan al aire libre, ¿y yo voy a entrar en mi casa para darme un banquete y acostarme con mi esposa? ¡Tan cierto como que Su Majestad vive, que yo no puedo hacer tal cosa!" (2 Samuel 11:11).

Muchos eruditos que estudian este período opinan que probablemente el ejército estaba bajo estrictos protocolos durante esta batalla como guardar abstinencia. Aunque Urías había sido llamado de vuelta con su esposa y las comodidades del hogar, se negó a poner en riesgo su integridad. David lo obligó a quedarse un día más, e incluso esa noche lo emborrachó. Aun así, resistió cualquier impulso que pudiese haber tenido de ir a su propia casa.

Este también es otro punto de inflexión. David había dormido con la esposa de otro, la había dejado embarazada, y luego ideado una artimaña para hacer que su esposo creyese que el hijo era de él. Se habían apilado demasiados asuntos sobre la creciente pila de escombros, pero no hay nada en las Escrituras que indiquen que David siquiera *pensara* en confesar y comenzar su misión de limpieza. En cambio, envió a su leal guerrero Urías llevando su propia sentencia de muerte.

A la mañana siguiente, David le escribió una carta a Joab, y se la envió por medio de Urías. La carta decía: "Pongan a Urías al frente de la batalla, donde la lucha sea más dura. Luego déjenlo solo, para que lo hieran y lo maten" (2 Samuel 11:14-15).

Vamos a intentar comprenderlo: se trata de la trama para asesinar a un hombre honorable, maquinada por el mismo rey. Urías era un soldado tan devoto que David no dudó en pedirle que llevara una carta confidencial, con instrucciones para acabar con su vida, porque David sabía que Urías nunca rompería el sello.

A medida que vemos crecer la traición de David, no sabemos nada de cómo afrontaba la situación Betsabé. ¿Tenía alguna idea de lo que estaba tramando el rey? ¿Acaso supo alguna vez que Urías había estado en la ciudad? Es difícil imaginarse que no le llegara ninguna noticia de la visita inesperada de su esposo. Si escuchó que Urías estaba en el palacio, probablemente debe haberse dado cuenta de que David intentaba desesperadamente cubrir sus huellas. Pero no vemos ninguna comunicación entre Betsabé y el rey mientras él pone en movimiento su plan homicida.

Por tanto, cuando Joab ya había sitiado la ciudad, puso a Urías donde sabía que estaban los defensores más aguerridos. Los de la ciudad salieron para enfrentarse a Joab, y entre los oficiales de David que cayeron en batalla también perdió la vida Urías el hitita (2 Samuel 11:16-17).

Toma nota: no solo fue asesinado Urías, sino que la Biblia dice que también otros soldados perdieron la vida como parte del plan mortal de David. Su idea dio como resultado múltiples bajas de inocentes debido a que Joab fue obligado a enviar a las tropas a realizar una acción riesgosa e innecesaria tan solo para ocultar el asesinato de Urías. Cuando le llegó la noticia de las muertes, David no sucumbió en culpa y vergüenza. En cambio, envió un mensaje a Joab:

Dile a Joab de mi parte que no se aflija tanto por lo que ha pasado, pues la espada devora sin discriminar (2 Samuel 11:25).

Este hombre que había sido ungido y escogido por Dios, que pasó de ser un joven pastor de ovejas a rey celebrado, se había convertido en algo casi irreconocible: un adúltero y asesino, de sangre fría, calculador y malvado indescriptible. Pero Dios tiene una manera de asegurarse de que nuestros pecados no permanezcan ocultos. El caótico mundo de Betsabé estaba a punto de empeorar.

Cuando Betsabé se enteró de que Urías, su esposo, había muerto, hizo duelo por él. Después del luto, David mandó que se la llevaran al palacio y la tomó por esposa. Con el tiempo, ella le dio un hijo. Sin embargo, lo que David había hecho le desagradó al Señor (2 Samuel 11:26-27).

¡Qué declaración escalofriante! David estaba en serios problemas. Vemos a lo largo de las Escrituras cómo Dios trata con aquellos que han violado sus mandamientos y su confianza. Como el hombre escogido cuidadosamente para liderar a la nación de Israel, David había sido alguna vez humilde y totalmente dependiente de Dios. ¡Que esto sea una enorme y brillante señal de alerta para cada una de nosotras!

Solo porque caminemos junto a nuestro Padre celestial, confiemos en Él en medio de los desafíos imposibles y veamos su fidelidad una y otra vez, no significa que no podamos caer en un grave pecado. Nuestro pecado raramente comienza con el adulterio y el asesinato, pero empieza cuando permitimos que la mente y el corazón se distraigan y se aparten, incluso con cosas que son esencialmente buenas. Cuando elogian nuestro ego y la atención se nos desvía, se comienzan a plantar las semillas más pequeñas, que van a germinar y convertirse en malezas. Con frecuencia me encuentro sometida a una buena ronda de malezas cuando he dejado que otras cosas aparte del Señor me distraigan la atención de Él. Como en cualquier jardín, desmalezar el pecado no es una simple ronda de mantenimiento. Es un trabajo de toda la vida de cuidar y podar y desechar los frutos malos.

¿En qué momento el campo del corazón de David se cubrió tanto de pecado? ¿Y qué hay con Betsabé? Todavía no sabemos lo que estaba sintiendo o pensando en toda esta situación, solo que una vez más fue llamada al palacio para una oferta que es poco probable que tuviese autonomía para rechazar: casarse con el rey.

A esta altura, David debe haber pensado que finalmente había extinguido el incendio del pecado que comenzó en un paseo por la azotea hacía unos meses, pero es imposible olvidar la tierra quemada que había dejado atrás. Dios ciertamente no lo había hecho, y estaba a punto de demostrarlo y pronunciar su juicio sobre David a través de Natán el profeta. Al comienzo de 2 Samuel 12, Dios ha revelado la verdad a Natán, que luego confrontó al rey.

El Señor envió a Natán para que hablara con David. Cuando se presentó ante David, le dijo: "Dos hombres vivían en un pueblo. El uno era rico, y el otro pobre. El rico tenía muchísimas ovejas y vacas; en cambio, el pobre no tenía más que una sola ovejita que él mismo había comprado y criado. La ovejita creció con él y con sus hijos: comía de su plato, bebía de su vaso y dormía en su regazo. Era para ese hombre como su propia hija. Pero sucedió que un viajero llegó de visita a casa del hombre rico y, como este no quería matar ninguna de sus propias ovejas o vacas para darle de comer al huésped, le quitó al hombre pobre su única ovejita" (2 Samuel 12:1-4).

La historia de injusticia y crueldad provoca toda clase de emociones, desde pena hasta enojo. ¡Cuánta arrogancia para un hombre que tiene tanto, el tomar la posesión más adorada y amada de alguien que tiene tan poco! No es de sorprender que David lo viese de la misma manera.

David se encendió de ira contra el hombre y le dijo a Natán: "¡Tan cierto como que el Señor vive, que quien hizo esto merece la muerte! ¿Cómo pudo hacer algo tan ruin? ¡Ahora pagará cuatro veces el valor de la oveja!" (2 Samuel 12:5-6).

Y *este* es ese momento en la Biblia que, cada vez que lo leo, no puedo sacarme de la cabeza la idea de un programa de entrevistas picante. Es como si pudiese escuchar a Natán gritar: "¡Tú *eres* el padre!". Pero no sucede exactamente así...

Entonces Natán le dijo a David: "¡Tú eres ese hombre! Así dice el Señor, Dios de Israel: 'Yo te ungí como rey sobre Israel, y te libré del poder de Saúl. Te di el palacio de tu amo, y puse sus mujeres en tus brazos. También te permití gobernar a Israel y a Judá. Y por si esto hubiera sido poco, te habría dado mucho más. ¿Por qué, entonces, despreciaste la palabra del Señor haciendo lo que le desagrada? ¡Asesinaste a Urías el hitita para apoderarte de su esposa! ¡Lo mataste con la espada de los amonitas! Por eso la espada jamás se apartará de tu familia, pues me despreciaste al tomar la esposa de Urías el hitita para hacerla tu mujer.' Pues bien, así dice el Señor: 'Yo haré que el desastre que mereces surja de tu propia familia, y ante tus propios ojos tomaré a tus mujeres y se las daré a otro, el cual se acostará con ellas en pleno día. Lo que tú hiciste a escondidas, yo lo haré a plena luz, a la vista de todo Israel'" (2 Samuel 12:7-12).

Al igual que muchas de nosotras, David había supuesto que, en la historia de su vida, él era el héroe, el chico bueno, el que amaba a Dios e intentaba hacer todo lo correcto. Pero sin darse cuenta, se había vuelto el hombre rico de la parábola de Natán: despreocupado por los demás, sin importarle la vida de las personas, tratando a los menos afortunados como objetos que se pueden usar y dejar a un lado a voluntad. Había dejado que su ejército saliera a la guerra sin él, y había pasado el tiempo libre violando la esposa de un camarada. Había armado el asesinato de un hombre honorable y, en el proceso, traicionado aún a más soldados leales que pelearon para colocarlo en el trono. A pesar de sus riquezas, le robó la integridad a un hombre.

¡Qué agonizante debe haber sido para David ver en qué se había convertido! Recuerda que cierta vez había sido identificado como "varón conforme a su corazón [de Dios]" (1 Samuel 13:14 RVR60). El arrepentimiento de David fue inmediato y profundo. Natán le aseguró que Dios había perdonado su pecado, pero le advirtió que el castigo sería increíblemente doloroso. La traición de David al vínculo matrimonial entre Betsabé y Urías significó que sus propias esposas y concubinas serían traicionadas a manos de alguien más, como de hecho sucedió cuando su hijo Absalón violó a las concubinas del rey a la vista de toda Jerusalén. Pero en el futuro más inmediato, Natán le dijo a David que el hijo que había concebido con Betsabé moriría. David pasó días orando por la vida del niño, llorando, ayunando, rogando y de luto.

Debido a todos sus pecados —y eran muchos— David experimentó una extraordinaria cercanía a Dios. Quizá se debía a que había visto tanto pecado en su vida que al final entendió la misericordia y el amor de Dios de una manera aún más profunda. Lo que sea que hiciese David, lo hacía de todo corazón: pelear, amar, pecar, orar y arrepentirse. Incluso después de escuchar el veredicto de Dios de boca del profeta Natán, se negó a rendirse. Conocía bien la naturaleza misericordiosa de Dios, y se aferró a la esperanza de que mientras el cuerpo de su hijo tuviese vida, había una posibilidad de que el terrible veredicto pudiese cambiar. Sin embargo, la profecía de Natán era cierta y el niño murió.

El hijo de David y Betsabé no recibe un nombre en ningún momento de la historia, ni tampoco vemos la experiencia de ella a medida que se desarrolla la tragedia. Como lectoras, nos quedamos con la pregunta: ¿cuánto sabía Betsabé sobre todo esto? Puede ser que hasta el reproche público de Natán al rey, y del arrepentimiento público de David, Betsabé no tuviese idea sobre las circunstancias de la muerte de su esposo. De todas maneras, debe haber sido devastador. Su actual esposo revelaba haber sido un mentiroso y asesino, y su precioso e inocente hijo, que no tenía nada que ver con ninguna de las decisiones de sus padres, sufrió debido a esto. La idea del sufrimiento de Betsabé aquí es casi insoportable. En su caso, tenemos que recurrir a una suposición de qué podría estar pensando acerca de David. Pero el dolor de ver a tu único hijo consumido por una enfermedad que no puedes detener, por llantos que no puedes calmar, es una emoción humana universalmente comprensible.

Vivimos en un mundo que cree que el dolor es molesto y vergonzoso. No vivimos con la muerte todos los días, de la manera en que lo hicieron nuestros antepasados. Ya no lavamos ni vestimos a nuestros muertos; no mantenemos una vigilia junto a los cuerpos durante días. En nuestra cultura, la realidad de la muerte existe desde lejos, ¡y algo de eso es bueno! El problema es que cuando la muerte se separa de la realidad práctica de nuestra vida, el dolor puede volverse algo extraño, poco natural y casi vergonzoso. Cuando vemos a alguien sobrecogido de tristeza, quizá sollozando, con frecuencia nuestra reacción es de vergüenza. O peor, tal vez pensamos que una demostración extravagante de dolor significa falta de fe.

Para muchas de nosotras, no es fácil ser vulnerables cuando estamos peleando. Recuerdo que después de que mi padre murió repentinamente, sentía como si me hubiesen lanzado a un universo paralelo en el que no vivía nadie. Habían quedado sin solucionar diversos asuntos financieros, surgieron problemas legales, y sentía como si no tuviese tiempo de afligirme. Había mucho más por hacer. Y cuando las personas me preguntaban cómo me sentía, era más fácil decir "Bueno, sé que algún día lo volveré a ver" que deshacerme del maremoto de dolor que sentía que podía ahogarme.

Recuerdo con claridad un día en que corría en la caminadora del gimnasio, intentando resistir, y estar pensando: *la persona que está rebotando a mi lado no tiene ni idea de que acabo de perder a mi papá y que casi lo perdí en un segundo.* Como cristiana, me preocupaba que el apartarme pudiese comunicar que mi fe era débil.

Pero la tristeza es una reacción buena y saludable para un mundo caído. Nuestra tristeza le dice a Dios que apreciamos lo que Él nos regala, lo apreciamos tanto que a veces no podemos imaginarnos la vida sin ello. El dolor le dice a Dios cuánto valoramos la vida. Con mucha frecuencia las madres que pierden a sus hijos —en especial las madres que pierden su bebé incluso antes de nacer— sienten que necesitan esconder su angustia. Ni siquiera he pensado eso ni un segundo. ¿Quién mejor para comprender la tristeza de ver a un hijo sufrir y morir que tu Padre celestial? Él sufrió como nosotras, y nos encontrará en nuestro dolor. Los Salmos nos animan: "Encomienda al Señor tus afanes, y él te sostendrá; no permitirá que el justo caiga y quede abatido para siempre" (55:22) y nos recuerdan: "El Señor está cerca de los quebrantados de corazón" (34:18).

Creo que es un anuncio importante para un poco de madriguera bíblica. A menudo encuentro consuelo en las palabras que escribió David en el salmo 51, cuando le rogaba perdón a Dios. Como lo sospechaba, los expertos creen que este salmo fue escrito después de que Natán confrontase a David por la gravedad de lo que había hecho. Él suplicó misericordia, reconoció la profundidad de su pecado y aceptó que el veredicto de Dios contra él era verdadero y justo.

Crea en mí, oh Dios, un corazón limpio, y renueva la firmeza de mi espíritu. No me alejes de tu presencia ni me quites tu santo Espíritu. Devuélveme la alegría de tu salvación; que un espíritu obediente me sostenga... Tú no te deleitas en los sacrificios ni te complacen los holocaustos; de lo contrario, te los ofrecería. El sacrificio que te agrada es un espíritu quebrantado; tú, oh Dios, no desprecias al corazón quebrantado y arrepentido (Salmos 51:10-12, 16-17).

David estaba quebrado. ¿Alguna vez has estado allí? Yo sí, a solas con los restos de mis elecciones egoístas y la culpa por aquellos a quienes herí. Muy pocas de nosotras podremos jamás tejer una red tan enredada y mortal como la de David, pero es probable que todas nosotras sintamos arrepentimiento por nuestras elecciones pecaminosas. Anímate, hay redención. Sin importar cuán pequeñas o monstruosas sean nuestras transgresiones, el perdón de Dios es nuestro por pedirlo (Salmos 103:12).

Vemos después de la muerte del niño que David se tranquilizó y "fue a la casa del Señor para adorar" (2 Samuel 12:20). Éste también es el primer vistazo que tenemos de ternura entre David y Betsabé. En lugar de hacerla a un lado como si fuera alguien a quien no necesita a su alrededor, hizo lo siguiente:

> Luego David fue a consolar a su esposa y se unió a ella. Betsabé le dio un hijo, al que David llamó Salomón. El Señor amó al niño (2 Samuel 12:24).

Tal vez en ese caso podemos ver su reconciliación, y el perdón de Betsabé hacia su esposo. Por primera vez, quizá, llegaron a entenderse el uno al otro. El nombre que le pusieron al niño significa "paz".

Evaluemos la situación de Betsabé en este punto de la historia: citada por el rey para su placer, luego enviada a su casa. Embarazada de un niño que no era de su esposo, viuda, casada con el rey y luego despojada de su hijo. Finalmente, un poco de gozo con la llegada de Salomón a su vida. En una película, aquí sería donde aparecen los créditos y todos vivirían felices por siempre. ¿En este caso? En absoluto, pero este *es* el comienzo de una nueva vida para Betsabé, una vida que le devolverá su voz en los palacios de David.

Betsabé, la madre de Israel

Si hace mucho tiempo que acudes a la iglesia o que estudias la Biblia, debes haber escuchado sobre Betsabé y sobre Salomón, pero quizá no te hayas dado cuenta de su conexión. Esta es la parte de la historia de Betsabé en la que descubrimos su enorme influencia en la formación de la nación de Israel. Ella es solo una de un puñado de mujeres que se mencionan en el linaje de Cristo (Mateo 1:6). Todo esto nos demuestra que ella no es tan solo una nota al pie en la historia de David, sino una mujer que llegó a ser una jugadora poderosa por propio derecho.

Salomón no era el hijo mayor de David, pero parece que contaba con el favor de su padre desde el principio. Y cuando se trataba de abogar por su hijo, Betsabé era una leona. Ya no una mujer en luto, aprendió a navegar muy bien por la política de la realeza. Esa capacidad cimentó el lugar de Salomón en el trono, pero no sin algunos desafíos serios.

Cuando nos volvemos a encontrar con Betsabé en 1 Reyes 1, David está apagándose. Era tan anciano y frágil que sus sirvientes buscaron a una hermosa joven mujer por el reino, y encontraron a Abisag para darle calor durmiendo a su lado, aunque la Biblia nos dice que no tuvieron relaciones sexuales. El rey ya no era joven y viril, así que la carrera para reemplazarlo estaba en marcha.

Liderando el grupo se encontraba Adonías, cuya madre era Jaguit. En 1 Reyes 1:5, la Biblia nos dice que Adonías no dejaba de proclamar y decir: "¡Yo voy a ser rey!". Consiguió carros de combate y docenas de hombres para que fueran al frente. También obtenemos algunas otras pepitas: era "muy bien parecido" (1 Reyes 1:6), y David nunca había reprendido ni castigado su comportamiento. Adonías también era un maquinador silencioso, que conspiraba con el antiguo genio militar, Joab.

Para reclamar el trono, sacrificó una gran cantidad de animales e invitó a las personas de todo el reino para que lo acompañasen. ¿Adivina a quién dejó fuera de la lista?

Pero no invitó al profeta Natán, ni a Benaías, ni a la guardia real ni a su hermano Salomón (1 Reyes 1:10).

¡Y no es que no se iban a enterar de la fiesta masiva! Natán no iba a dejar de pelear:

Por eso Natán le preguntó a Betsabé, la madre de Salomón: "¿Ya sabes que Adonías, el hijo de Jaguit, se ha proclamado rey a espaldas de nuestro señor David? Pues, si quieres salvar tu vida y la de tu hijo Salomón, déjame darte un consejo: Ve a presentarte ante el rey David, y dile: ¿Acaso no le había jurado Su Majestad a esta servidora suya que mi hijo Salomón lo sucedería en el trono? ¿Cómo es que ahora el rey es Adonías? Mientras tú estés allí, hablando con el rey, yo entraré para confirmar tus palabras" (1 Reyes 1:11-14).

Las vidas de Natán y de Betsabé estaban potencialmente en juego. Un cambio de liderazgo significaría cambios para todos, aquellos que se mantendrían en el poder y aquellos que serían eliminados como amenaza. La Biblia no nos dice si en realidad David hizo esa promesa o, si la hizo, por qué razón. Debe haber sido una promesa nacida de la culpa de David por la manera en que había dañado a Betsabé con el asesinato de su esposo, y porque se sentía responsable por la muerte de su primer hijo. O tal vez se debió a que David llegó a amarla verdaderamente y quería que el hijo fruto de su amor se sentara en el trono. Al igual que en las historias de Isaac y José, vemos al hijo menor levantado en la historia de Dios.

En cualquier caso, Betsabé y Natán tenían un plan de juego.

Betsabé se dirigió entonces a la habitación del rey. Como este ya era muy anciano, lo atendía Abisag la sunamita. Al llegar Betsabé, se arrodilló ante el rey, y este le preguntó: "¿Qué quieres?".

"Mi señor juró por el Señor su Dios a esta servidora suya", contestó Betsabé, "que mi hijo Salomón sucedería en el trono a Su Majestad. Pero ahora resulta que Adonías se ha proclamado rey a espaldas de Su Majestad. Ha sacrificado una gran cantidad de toros, terneros engordados y ovejas, y ha invitado a todos los hijos del rey, al sacerdote Abiatar y a Joab, general del ejército; sin embargo, no invitó a Salomón, que es un fiel servidor de Su Majestad. Mi señor y rey, todo Israel está a la expectativa y quiere que usted le diga quién lo sucederá en el trono. De lo contrario, tan pronto como Su Majestad muera, mi hijo Salomón y yo seremos acusados de alta traición" (1 Reyes 1:15-21).

Al leer esto, es fácil pensar: ¡*Guau!* ¿*Dónde estaba esta mujer antes?* ¡Betsabé pasó de no decir ni una sola palabra a hablar con audacia por párrafos enteros! Parece que con el paso de los años, se había vuelto una mujer elocuente y valiente que era lo bastante astuta como para conocer lo que estaba sucediendo en la ciudad y lo bastante valerosa como para abogar por su hijo, Salomón. Fue inteligente en la manera de acercarse al rey. Golpeó a David donde era más vulnerable: su orgullo. Le dijo que Adonías se estaba comportando como rey "a espaldas de Su Majestad". Y luego le mostró una manera de volver a ganar su orgullo y favor, al recordarle que "todo Israel está a la expectativa". Quizá estaba apelando a su pasado, cuando él era el centro de atención, un joven capitán de guerra glamoroso ovacionado por las mujeres de Jerusalén. Pero ella también tenía conocimiento de que David sabía que su voz aún tenía peso en Israel. Betsabé sabía muy bien lo que estaba haciendo y exactamente qué botones apretar.

¿Qué significaba este cambio en ella? Para empezar, por supuesto, ya era mayor y estaba más segura de sí misma. Si en gran parte antes había permanecido en silencio, era porque solo se podía defender a ella misma. Ahora, era una madre, y en defensa de su hijo Salomón se había vuelto valiente. Qué irónico que Betsabé se haya aliado con el mismo hombre que confrontó a David por su vergonzoso pecado al tomarla a ella y hacer que su esposo fuera asesinado. ¡Es claro que le tenía cariño, al punto de haberle puesto Natán a uno de sus otros hijos!

Justo a tiempo, apareció Natán y repitió la historia: Adonías se estaba declarando rey, estaba haciendo una celebración fastuosa y estaba armando su nuevo gobierno mientras David yacía en su lecho de muerte. David saltó a la acción antes de que fuese demasiado tarde, y dijo delante de Betsabé:

Entonces el rey le hizo este juramento: "Tan cierto como que vive el Señor, que me ha librado de toda angustia, te aseguro que hoy cumpliré lo que te juré por el Señor, el Dios de Israel. Yo te prometí que tu hijo Salomón me sucederá en el trono y reinará en mi lugar" (1 Reyes 1:29-30).

Y para hacerlo oficial, David llamó a algunos de sus hombres de confianza, incluyendo a Natán.

Este les dijo: "Tomen con ustedes a los funcionarios de la corte, monten a mi hijo Salomón en mi propia mula, y llévenlo a Guijón para que el sacerdote Sadoc y el profeta Natán lo unjan como rey de Israel. Toquen luego la trompeta, y griten: '¡Viva el rey Salomón!'. Después de eso, regresen con él para que ocupe el trono en mi lugar y me suceda como rey, pues he dispuesto que sea él quien gobierne a Israel y a Judá" (1 Reyes 1:33-35).

David no dio lugar a debate alguno, y Salomón se convirtió en rey.

Fue la peor noticia para el festín de Adonías y sus invitados.

Al oír eso, todos los invitados de Adonías se levantaron llenos de miedo y se dispersaron. Adonías, por temor a Salomón, se refugió en el santuario, en donde se agarró de los cuernos del altar. No faltó quien fuera a decirle a Salomón (1 Reyes 1:49-50).

El juego se había terminado, y Adonías —y todo aquel que estuviese aliado a él— estaba en un verdadero peligro. Colgarse de los cuernos del altar fue un esfuerzo desesperado para que no lo asesinaran, un lugar seguro. Así que comenzaron las negociaciones.

No faltó quien fuera a decirle a Salomón: "Adonías tiene miedo de Su Majestad y está agarrado de los cuernos del altar. Ha dicho: '¡Quiero que hoy mismo jure el rey Salomón que no condenará a muerte a este servidor suyo!'". Salomón respondió: "Si demuestra que es un hombre de honor, no perderá ni un cabello de su cabeza; pero, si se le sorprende en alguna maldad, será condenado a muerte" (1 Reyes 1:51-52).

Con un acuerdo en marcha que le perdonaba la vida, se le permitió a Adonías regresar a su casa a salvo. Pero pronto demostraría no ser tan sabio.

Después de la muerte de David, mientras Salomón estaba ocupado afianzando su posición en el trono, sucedió algo fascinante: Adonías mismo le hizo una petición a Betsabé.

Adonías hijo de Jaguit fue a ver a Betsabé, madre de Salomón, y Betsabé le preguntó: "¿Vienes en son de paz?". "Sí", respondió él; "tengo algo que comunicarle". "Habla", contestó ella. "Como usted sabe", dijo Adonías, "el reino me pertenecía, y todos los israelitas esperaban que yo llegara a ser rey. Pero ahora el reino ha pasado a mi hermano, que lo ha recibido por voluntad del Señor. Pues bien, tengo una petición que hacerle, y espero que me la conceda". "Continúa", dijo ella. "Por favor, pídale usted al rey Salomón que me dé como esposa a Abisag la sunamita; a usted no se lo negará". "Muy bien", contestó Betsabé; "le hablaré al rey en tu favor" (1 Reyes 2:13-18).

Puede parecernos una petición extraña, pero relativamente discreta. David no se había acostado con esta joven mujer. Pero recuerda que era considerada como parte del reino de David, su reino. En ese tiempo, tomar posesión del harén o de las esposas de alguien era considerado una lucha por el poder. Adonías sabía que no podía acercarse al rey Salomón con un pedido como ese. El plan (no muy inteligente) de Adonías significaba que iba a necesitar a alguien en quien el rey confiase para que fuera su defensor; y ¿en quién otra persona confiaba más Salomón que su madre? Betsabé se había vuelto no solo la madre del rey sino su consejera de mayor confianza. Si deseabas que se hiciese algo, significaba que tenías que pasar por ella. Es probable que hubiese una fila de personas esperándola tras la puerta cada mañana, esperando persuadirla para que llevase sus peticiones ante el rey. Betsabé se había vuelto una fuerza a tener en cuenta dentro del reino.

¿Qué supone este cambio? La idea de que la madre del rey tuviese este privilegio especial no aparece en ningún otro lugar en la Biblia antes de Betsabé. ¡De hecho, el nombre de la madre del rey David no aparece nunca! A Adonías y Absalón se los menciona como los hijos de la esposa de David, Jaguit, pero nunca aparece en ninguna de las historias. Así que la importancia de Betsabé solo tiene una explicación: su hijo Salomón.

Por razones de las que solo podemos especular, el vínculo entre ella y su hijo debe haber sido extraordinario. Observa la manera en que el rey Salomón saludó a su madre cuando entró en su presencia:

> Betsabé fue a ver al rey Salomón para interceder en favor de Adonías. El rey se puso de pie para recibirla y se inclinó

ante ella; luego se sentó en su trono y mandó que pusieran otro trono para su madre; y ella se sentó a la derecha del rey. "Quiero pedirte un pequeño favor", dijo ella. "Te ruego que no me lo niegues". "Dime de qué se trata, madre mía. A ti no puedo negarte nada" (1 Reyes 2:19-20).

Salomón vio de inmediato que el intento de Adonías de casarse con Abisag era tan solo una rebelde maquinación de parte de su hermano. Aunque las Escrituras no lo dicen, a menudo me pregunto si Betsabé *sabía* que Salomón tomaría exactamente así el pedido de Adonías: hacer que ella se alegrara de llevar el pedido inapropiado. Y aunque Salomón no iba a cumplir la solicitud de su madre, no se enojó con ella. Observa la manera en que la trató a su llegada. Hizo que trajeran un trono para ella y la sentó a su mano derecha: el lugar de honor, reservado para el consejero del rey. Este puesto honrado de reina madre era nuevo. Después de todo, los dos primeros reyes de Israel, Saúl y David, provenían de la oscuridad, de padres poco conocidos. Pero parece que toda la vida adulta de Betsabé había tenido lugar en el mundo de reyes y palacios. A pesar de su difícil comienzo, finalmente recibió un trono para ella.

Este es el amor de un hijo por una madre cuya devoción por él pudo ver una y otra vez a lo largo de los años. ¿Acaso Betsabé y su amado Salomón fueron tratados como extraños en la corte del rey David? ¿Eran objeto del rencor? Debe haber sentido como si una nube cubriese el vínculo entre ella y David, incluso antes de que la traición de David saliese a la luz, y tener a su hijo sobre quien derramar su amor después de tanto dolor y tanta pérdida debe haber sido sanador para ella. Parece que el vínculo entre Betsabé y Salomón haya quizá levantado a las madres de los reyes a un nuevo lugar de prominencia. Si sigues leyendo el resto del libro de los Reyes y la larga lista de gobernantes de Judá, verás que la introducción de cada rey sigue cierto patrón. Echemos una mirada al hijo de Salomón, Roboán:

Roboán hijo de Salomón fue rey de Judá. Tenía cuarenta y un años cuando ascendió al trono, y reinó diecisiete años en Jerusalén, la ciudad donde, de entre todas las tribus de Israel, el Señor había decidido habitar. *La madre de Roboán era una amonita llamada Noamá* (1 Reyes 14:21) [énfasis añadido].

Y observa el hijo de Roboán, Abías:

En el año dieciocho del reinado de Jeroboán hijo de Nabat, Abías ascendió al trono de Judá, 2 y reinó en Jerusalén tres años. *Su madre era Macá hija de Abisalón* (1 Reyes 15:1-2) [énfasis añadido].

Así continúa, a lo largo de todo el libro de los Reyes, justo hasta el último rey de Judá, cientos de años después:

Sedequías tenía veintiún años cuando ascendió al trono, y reinó en Jerusalén once años. *Su madre se llamaba Jamutal hija de Jeremías, oriunda de Libná* (2 Reyes 24:18) [énfasis añadido].

Desde este instante, en cada introducción de un rey de Judá, se menciona el nombre de la madre junto con el rey. ¡De hecho, el término *reina* en los registros de los reyes de Judá no significa el nombre de la esposa del rey, sino de la madre del rey! Ese fue el honor que dio Salomón a su madre, que la tradición de la reina madre estuviese arraigada por siempre en la historia de Israel.

Como madre quizá pienses a veces que toda tu devoción por tus hijos —las incontables horas que pasas preparando almuerzos, o conduciendo a la cita con el médico, a las prácticas deportivas u organizando comidas, vacaciones o lavando ropa— pasa desapercibida. Los niños bajan del auto sin mirar hacia atrás o ni siquiera agradecerte, y parece que nada de eso importase. Betsabé probablemente haya tenido esos días con Salomón, pero es claro que su hijo atesoró sus consejos y cuidados. Si eres una madre, estás plantando constantemente semillas de amor y dirección, aunque tal vez a veces te preguntes si verás el fruto de ello de este lado del cielo.

Para Betsabé, que pasó por una pérdida devastadora en la muerte de su primer hijo, parte de su recompensa fue el gozo de ver a Salomón sentado en el trono, que en gran parte fue el resultado de su disposición de hablar e intervenir con la ayuda de Natán. ¿Qué le hubiese sucedido a Israel bajo el gobierno de Adonías? En cambio, la nación fue guiada por un hombre a quien a menudo se lo considera el más sabio que jamás haya vivido.

En 1 Reyes 3, vemos que el Señor se complacía y le dijo a Salomón: "Pídeme lo que quieras" (1 Reyes 3:5). Esta es la conversación:

"Yo te ruego que le des a tu siervo discernimiento para gobernar a tu pueblo y para distinguir entre el bien y el mal. De lo contrario, ¿quién podrá gobernar a este gran pueblo tuyo?". Al Señor le agradó que Salomón hubiera hecho esa petición, de modo que le dijo: "Como has pedido esto, y no larga vida ni riquezas para ti, ni has pedido la muerte de tus enemigos, sino discernimiento para administrar justicia, voy a concederte lo que has pedido. Te daré un corazón sabio y prudente, como nadie antes de ti lo ha tenido ni lo tendrá después. Además, aunque no me lo has pedido, te daré tantas riquezas y esplendor que en toda tu vida ningún rey podrá compararse contigo" (1 Reyes 3:9-13).

¡Asombroso en todos los aspectos! Un hombre lo suficientemente humilde como para saber que necesitaba lo que solo Dios podía darle: la sabiduría para guiar al pueblo que tenía bajo su cuidado. ¡Y un Dios lo suficientemente generoso para darle no solo eso, sino salud y además honor!

Betsabé, una mujer a menudo ignorada (en ese entonces y ahora) y que padeció una pérdida atroz, dio a luz al hombre que iba a bendecir al pueblo de Dios de forma abundante a través de su sabiduría y benévolo gobierno. No solo eso, sino que fue decisiva en asegurarse de que Salomón encontrara su camino al trono. ¡Hay mucho más sobre la historia de Betsabé de lo que quizá sepas, y la Biblia está llena de otras personas fascinantes que tal vez hayan sido bastante diferentes de lo que creías! Son complicadas y defectuosas y usadas por Dios, lo cual es una noticia alentadora y acogedora para todas nosotras.

Señor Dios, el que nos sostiene en nuestro dolor y en nuestro gozo: danos la fuerza para llevar nuestra angustia a ti. Transforma nuestro dolor con el poder de tu presencia. Danos el valor para enfrentar el sufrimiento, la aflicción y la pérdida. Por favor recuérdale a nuestro frágil corazón que siempre estás obrando para el bien de tus planes, que son para tu gloria. Ayúdanos a saber que nuestro comienzo y circunstancias no dictan el gozo y que las semillas de nuestro dolor y pasado pueden dar un fruto hermoso y abundante más allá de nuestra imaginación.

Preguntas de estudio sobre Betsabé

1. ¿Cuál era tu impresión sobre Betsabé antes de leer este capítulo? ¿Tu percepción sobre ella cambió después de leer su historia? De ser así, ¿cómo? ¿Por qué crees que a veces la describen de una manera que no se alinea con las Escrituras?

2. ¿Cuáles fueron las numerosas decisiones de David que dieron como resultado el embarazo de Betsabé? ¿Hubo advertencias y tuvo oportunidades para que frenase su interacción con ella? (2 Samuel 11:2-4)

3. Después de saber que Betsabé estaba embarazada de él, ¿de qué manera David eligió activamente enterrarse aún más en su conducta de pecado? (2 Samuel11:6-26). ¿Expresó acaso algún remordimiento sobre sus decisiones? ¿Has entrado alguna vez de manera voluntaria en una temporada de pecado? ¿Qué mentiras te dijo el enemigo sobre lo que estaba haciendo?

4. ¿Cómo reaccionó David al ser confrontado con el pecado? ¿Cómo se ve el arrepentimiento verdadero? (2 Samuel 12:1-23). ¿Qué les promete Dios a aquellos que confiesan su pecado, se arrepienten y se apartan de él? (Salmos 103:12; 1 Juan 1:9).

5. ¿Qué aprendemos acerca del estilo de paternidad de David, y de qué manera impactó en el comportamiento de sus hijos?

6. ¿De qué manera Salomón finalmente se convirtió en rey? ¿Cuál fue el papel de Betsabé? ¿Qué sabemos sobre la clase de hombre que ella crio en Salomón? (1 Reyes 3:7-14). Contrasta el rol de Betsabé como madre con el de Rebeca. ¿Qué podemos deducir sobre su maternidad a la luz de lo que terminaron siendo sus hijos?

María, la madre de Jesús

(LUCAS 1, LUCAS 2:22-35, MATEO 2:13-18, LUCAS 2:41-52,
JUAN 2:1-11, JUAN 19:22-27, HECHOS 1:12-14)

Cuando pensamos en la maternidad bíblica, a menudo pensamos primero en María. Desde el comienzo, se nos presenta como ejemplo de profunda fe y confianza en una situación que era distinta a cualquier otra. Con profunda humildad por su tarea de ser una vasija terrenal para el Salvador, se regocijó en su llamado, aun sabiendo que muchos nunca entenderían o creerían la historia. Su gozo como madre debe haber sido inmenso: el júbilo de recibir el mensaje del ángel Gabriel diciendo que ella era elegida para ser la madre del Mesías, el orgullo que debió de sentir al ver crecer a su hijo divino y comenzar su ministerio, la euforia que experimentó en su resurrección. Pero su historia también fue marcada por una profunda aflicción y sacrificio.

La mayoría de las veces pensamos en María en la época de Navidad, como la joven madre radiante inundada por la experiencia milagrosa que sucedía en su cuerpo. Contemplamos la ternura y el asombro con los que debió haber cargado a su hijo recién nacido, Dios hecho carne. Cuando nos topamos con un pesebre de Navidad o alguna escena navideña, pensamos en la paz y alegría que parecen irradiar de su dulce rostro, al encontrarse todo bañado de un dorado resplandor navideño. Pero esta escena es tan solo el comienzo de la vida de María como madre. A lo largo del camino ella experimentaría el dolor que solo una madre que ha perdido un hijo puede experimentar, y antes de que eso ocurriera, vería a su hijo ser burlado, acusado falsamente y rechazado por las mismas personas que Él intentaba salvar. Por grande que fuese el gozo al nacer su hijo, su tristeza luego en su vida fue igual de intensa.

La maternidad también es así a veces: una mezcla confusa de emociones. Puede haber celebración, ansiedad, agotamiento, felicidad y depresión. Las madres pueden estar preocupadas por sus hijos, sentirse perplejas y también bendecidas por ellos; ¡todo en el mismo día! A medida que los hijos crecen y van adquiriendo independencia, ellas pueden preguntarse qué ha sucedido con la cercanía que una vez solían compartir. Hay momentos en los que la propia maternidad puede sentirse más como una carga que como una alegría: el trabajo interminable (y a menudo ingrato) que conlleva, el cansancio, el lavado de la ropa, la cocina y las innumerables preguntas, la microgestión de llevar adelante una casa con niños pequeños (¡y grandes!). Nuestra fe no necesita que las madres simulen que no se sienten abrumadas por momentos. La maternidad siempre será una mezcla de altos y bajos, un reflejo de lo que es nuestra vida en este mundo caído. No hay Pascua sin Calvario, y el camino de toda madre estará marcado tanto por la alegría como por la desesperación. Así que caminemos juntas por el sendero de María, descubriendo maneras de navegar por ambas.

La profecía de Simeón

Al final de la narración del nacimiento en el evangelio de Lucas, vemos que María y José llegaban al templo de Jerusalén para presentar a su hijo al Señor, cuarenta días después de nacido, de acuerdo con las costumbres de la ley judía. Se ofreció un sacrificio, se elevaron oraciones, y toda la experiencia debe haber sido hermosa y emocionante para los padres.

María debe haber estado muy orgullosa, al entrar a los recintos sagrados del templo sosteniendo a su hijo en su pecho y sabiendo en lo profundo de su corazón que en sus brazos mecía al Señor de aquel templo. María y José también experimentaron la dicha de ver a otras personas (el santo Simeón y la honrada Ana) reconocer a su hijo por quien Él era.

Simeón tomó al bebé en sus brazos y oró estas famosas palabras, agradeciendo a Dios por permitirle vivir para ver el día de la llegada del Mesías:

"Según tu palabra, Soberano Señor, ya puedes despedir a tu siervo en paz. Porque han visto mis ojos tu salvación, que has preparado a la vista de todos los pueblos: luz que ilumina a las naciones y gloria de tu pueblo Israel" (Lucas 2:29-32).

Este poético cántico de Simeón (conocido como *Nunc Dimittis*, por sus palabras de apertura en latín: "Ya puedes despedir"), se convirtió en una parte central de las oraciones nocturnas para los cristianos antiguos y medievales cuando pedían a Dios que los "despidiese" hacia el descanso del sueño. Este cántico es un reconocimiento glorioso de la plenitud de la revelación de Dios en Cristo, y debe haber hecho saltar de alegría el corazón de María al oír que su precioso bebé era reconocido como el salvador, no solo de Israel sino de "todos los pueblos" (Lucas 2:31).

Pero Simeón no había terminado con su profecía aún. Tenía más que decir, específicamente, palabras para María:

El padre y la madre del niño se quedaron maravillados por lo que se decía de él. Simeón les dio su bendición y le dijo a María, la madre de Jesús: "Este niño está destinado a causar la caída y el levantamiento de muchos en Israel, y a crear mucha oposición, a fin de que se manifiesten las intenciones de muchos corazones. En cuanto a ti, una espada te atravesará el alma" (Lucas 2:33-35).

Estas misteriosas palabras de Simeón deben de haber sido más difíciles de oír y entender que las anteriores promesas de luz y paz. En esta profecía, Jesús no solo causaría el levantamiento sino también la caída de muchos. Simeón siguió diciendo que el niño "crearía mucha oposición" (Lucas 2:34). El camino para el pequeño niño de María no sería fácil, y Simeón fue el primero en darle a esta joven madre la dura noticia: una anunciación distinta a las otras. La gente se manifestaría en contra de Jesús, discutirían sobre Él, dirían cosas acerca de Él que revelarían sus propios pensamientos oscuros. Y como si todo eso no fuese suficiente, Simeón le dijo a María que el dolor que estaba por venir no solo era para Jesús sino también para ella. "Una espada te atravesará el alma", le dijo (Lucas 2:35). ¡Eso no es precisamente lo que quieres ver escrito en el pastel de un *baby shower*!

Lo difícil es que Simeón estaba diciendo la verdad, no solo acerca de los sucesos dolorosos que le esperaban a María en su vida, sino también acerca del discipulado cristiano.

Si recuerdas el día y la hora en que rendiste tu vida a Cristo para siempre, lo revives como un día de inigualable gozo y libertad. ¡Y lo fue! Pero también fue algo más: aquel fue el primer paso de un camino desafiante. Todos los que seguimos a Cristo debemos caminar por su senda, y Él dejó en claro que no siempre sería fácil.

Luego dijo Jesús a sus discípulos: "Si alguien quiere ser mi discípulo, tiene que negarse a sí mismo, tomar su cruz y seguirme. Porque el que quiera salvar su vida, la perderá; pero el que pierda su vida por mi causa, la encontrará" (Mateo 16:24-25).

El camino cristiano requiere de compromiso y humildad, y es importante que todos meditemos en las palabras de Simeón, no solo María. ¿Alguna vez quiso volver atrás? ¿Quiso decirle a Dios: "Olvídalo, es demasiado difícil; el ángel no mencionó esto"?

Nunca vemos a María tratando de echarse para atrás en su tarea divina. Ni una sola vez le dijo al ángel Gabriel: "Espera, dime qué es lo que sucederá conmigo". Solo le preguntó *cómo* iba a suceder, y luego dijo: "Aquí tienes a la sierva del Señor" (Lucas 1:38). Sin embargo, esto no significa que ella sabía de inmediato cuán difícil sería el camino de Jesús. La famosa oración del *Magníficat* de María en Lucas 1:46-55 finaliza con palabras de alabanza, agradeciendo a Dios por no olvidarse de Israel. Aquí en el templo, a los cuarenta días del nacimiento de Jesús, podría ser la primera vez en que a María realmente se le pasa por la cabeza que el final de la historia de su hijo tal vez no sería aquel que ella había estado deseando y orando.

María, la refugiada

Las madres solo quieren lo mejor para sus hijos. La mayoría del tiempo que antecede a la llegada de un hijo se trata de anidarlo. Usualmente la familia y los amigos se unen para ayudar a proveer lo básico que se necesita para generar un ambiente cálido y acogedor. Todas quieren una habitación especial para su bebé, con una cuna sólida y sábanas y mantas suaves; tal vez algunos cuadros en la pared o cortinas haciendo juego. Hay un gran deleite en crear un hermoso espacio físico para que ese bebé comience a crecer y en soñar en todas las cosas nuevas que vendrán. Lo último que quiere una madre es tener que tomar a su pequeño y huir por su vida, pero eso es exactamente lo que tuvo que hacer María.

Una advertencia urgente y una directiva clara vinieron directo del cielo en el momento en que los magos se fueron. Aunque estos hombres sabios del Este anteriormente habían prometido contarle al rey Herodes acerca del paradero del nuevo Mesías, recibieron una advertencia en un sueño de no volver con el rey. En cambio, regresaron a casa por un camino distinto. Mientras tanto, un ángel se le apareció a José y le instruyó huir a Egipto para escapar del malvado plan de Herodes.

> Cuando ya se habían ido, un ángel del Señor se le apareció en sueños a José y le dijo: "Levántate, toma al niño y a su madre, y huye a Egipto. Quédate allí hasta que yo te avise, porque Herodes va a buscar al niño para matarlo".
>
> Así que se levantó cuando todavía era de noche, tomó al niño y a su madre, y partió para Egipto, donde permaneció hasta la muerte de Herodes. De este modo se cum-

plió lo que el Señor había dicho por medio del profeta: "De Egipto llamé a mi hijo" (Mateo 2:13-15).

En esencia, José estaba viviendo paralelismos con su tocayo: un hombre elegido que fue dotado con la habilidad de interpretar sueños importantes, y cuyo camino para salvar a la nación de Israel lo llevó a Egipto. Me pregunto si los devotos padres humanos de Jesús notaron estas similitudes. José y María fueron fieles a la guía de Dios, y Herodes no estaba contento con ello.

Cuando Herodes se dio cuenta de que los sabios se habían burlado de él, se enfureció y mandó matar a todos los niños menores de dos años en Belén y en sus alrededores, de acuerdo con el tiempo que había averiguado de los sabios. Entonces se cumplió lo dicho por el profeta Jeremías: "Se oye un grito en Ramá, llanto y gran lamentación; es Raquel, que llora por sus hijos y no quiere ser consolada; ¡sus hijos ya no existen!" (Mateo 2:16-18).

La ira asesina de Herodes no se detendría hasta que Jesús fuese borrado de la faz de la Tierra. José y María no tenían más opción que correr lo más lejos posible, hasta algún lugar en el que Herodes no tuviese autoridad para hacerles daño aun si los encontraba. Corrieron a la región romana de Egipto. A diferencia de Judea, que había mantenido su sistema de reyes nativos en conjunto con la administración romana, Egipto estaba bajo las órdenes del mismísimo emperador romano. Allí hubiese sido más difícil para Herodes persuadir a los oficiales romanos de hacer su voluntad. No había nadie a quien pudiese darle órdenes. Además, en las bulliciosas metrópolis de Egipto y entre las desarrolladas comunidades judías allí, una desconocida pareja y su hijo serían casi imposibles de encontrar. Estaban seguros ahí, ¿pero a qué costo? El camino debe haber sido largo y cansador. La joven familia, que dejaba su tierra nativa probablemente por primera vez, partió por las ásperas llanuras de Sinaí cargando un niño pequeño, soportando la sed y el agotamiento a través de una larga extensión de arena y accidentadas colinas. Finalmente, emergieron entre el follaje del delta del Nilo, radiante en contraste con el desierto circundante. La Esfinge, en aquel momento intacta, debe haber sido una vista asombrosa. El abatido trío probablemente observó con asombro las ya antiguas pirámides, incluyendo la Gran Pirámide, parte de lo que hoy conocemos como una de las Siete Maravillas del Mundo. Debe haber sido deslumbrante.

Estas grandiosas vistas aparecieron al final de un viaje desencadenado por aquel difícil momento en que José se despertó y supo que debían huir. Por cierto, las Escrituras nos dicen que José no dudó, sino que "se levantó cuando todavía era de noche, tomó al niño y a su madre, y partió para Egipto" (Mateo 2:14). Observa que se fueron "cuando todavía era de noche". Para María, debe haber sido caótico y aterrador ser despertada, no por su niño asustado o hambriento, sino por su esposo, que hablaba insistentemente de un sueño que Dios le había dado. María era una mujer que había oído de Dios anteriormente, y en su fe, no tuvo dudas de ponerse en marcha. María y José se escabulleron de Belén en las penumbras, ella cargando a su hijo en su pecho. ¿Oraba acaso esta madre para que su hijo mantuviese la calma mientras intentaban alejarse lo más posible de los asesinos de Herodes?

Pero además de sentirse asustada, tal vez María también se haya sentido tentada a desesperarse. A fin de cuentas, ¡probablemente no era así como pensaba que sería su historia! Se suponía que su hijo era el Mesías que salvaría a su pueblo, la gran gloria de Israel. Y ahora se hallaban huyendo en medio de la noche, escapando de la tierra de Israel, tal vez para siempre. De seguro no tendrían idea de cuándo o siquiera si podrían volver. Sin mucha oportunidad de despedirse de su familia y amigos, sin poder mucho más que tomar apresuradamente algunas de sus pertenencias, estaban dejando su antigua vida y partiendo hacia una nueva. La profecía de Simeón parecía estar haciéndose realidad, mucho antes de lo que ella hubiese pensado.

¿Acaso María dudaba de ella misma como madre, la madre terrenal del Hijo de Dios? El Señor del universo le había encomendado a su único Hijo, y ella no podía proveerle un hogar permanente. El joven Mesías tenía menos de dos años, y ya estaba a la fuga. El estilo de vida que probablemente ella esperaba darle —que desesperadamente había deseado darle— ahora parecía ser imposible.

Cualquier madre que haya pasado por dificultades económicas conoce un poco del dolor que María, una refugiada sin techo, sentía en ese camino a Egipto. Es más fácil pasar por esas circunstancias sola, pero el panorama es más doloroso cuando se trata de nuestros hijos. No dudo que mi madre luchó económicamente en los años en que éramos solo ella y yo. Recuerdo cuando nuestro auto destartalado se rompía a menudo y la gran cantidad de emparedados de mortadela y kétchup, pero nos teníamos la una a la otra y también nos reíamos mucho. Mi mamá era una experta en protegerme de la realidad de nuestra situación, y mis abuelos siempre estuvieron presentes para ayudarnos y cuidarnos cuando más lo necesitábamos. Hoy miro hacia atrás y me pregunto cómo es que una madre soltera a mitad de sus veintitantos años se las arregló para trabajar sin parar, arreglar nuestra ropa, ¡y hacerme creer que mi infancia fue mágica! Mi suegra, Jouetta, junto con su esposo, criaron a seis niños con un presupuesto acotado e hicieron lo mismo. Tanto en mi familia como en la de mi esposo, nuestras madres fueron modelos de fe, perseverancia y coraje. María debe haber necesitado todos esos atributos en abundancia.

Las madres tienen ansiedades reales sobre el futuro de sus hijos cuando se trata de cosas como elegir una universidad o enlistarse en el ejército. ¿Escogerán amistades que los influencien de manera positiva, o se enredarán con personas que los lleven por un camino de adicciones o peligro? ¿Con quién se casarán, y cuándo podremos esperar tener nietos? Pero llevemos todo esto un escalón más arriba. ¿Qué hay acerca de las madres que no saben de dónde vendrá su próxima comida? ¿Y qué sucede con la madre que huye del caos de un país en colapso o de la pobreza o violencia que amenazan la vida de su hijo? Ella se encuentra en un camino como el de María y Jesús.

También caminamos por la senda de María cuando nuestros planes para nuestros hijos resultan muy distintos a lo que nos habíamos imaginado. Tal como María sostuvo a Jesús en su pecho en esa peligrosa travesía hacia Egipto, también nosotras debemos aferrarnos a Cristo en los momentos más abrumadores. Debido a que conocemos el final de la historia de María, para nosotras es fácil ver que lo que tal vez se sentía como fracaso, temor y desesperación para ella, era el comienzo de una aventura mucho más extensa y gloriosa. Cuando ves a tu hijo sufriendo, a menudo es difícil ver el panorama completo de tu propia historia. Las Escrituras nos recuerdan, sin embargo, que Dios siempre está presente. Él está tan interesado en los detalles de tu lucha como lo estaba en la difícil situación de María y José tantos siglos atrás.

Esa familia en fuga finalmente llegó a destino para ser testigo de la pompa y gloria de Egipto. Sin embargo, frente a todo ese brillo y encanto de los logros del ser humano, María sabía que el niño que cargaba en sus brazos era de una maravilla mayor a todos ellos.

Jesús en el templo

Luego de la muerte de Herodes, un ángel del Señor se le apareció nuevamente a José en sueños, diciéndole que era seguro volver a Israel. Esta vez, Jesús y sus padres caminaron todo el trecho hasta el norte de Nazaret, lugar que se volvió su hogar. Lucas cierra su relato con una historia interesante, en la que Jesús habla por primera vez:

> Los padres de Jesús subían todos los años a Jerusalén para la fiesta de la Pascua. Cuando cumplió doce años, fueron allá según era la costumbre. Terminada la fiesta, emprendieron el viaje de regreso, pero el niño Jesús se había quedado en Jerusalén, sin que sus padres se dieran cuenta. Ellos, pensando que él estaba entre el grupo de viajeros, hicieron un día de camino mientras lo buscaban entre los parientes y conocidos. Al no encontrarlo, volvieron a Jerusalén en busca de él. Al cabo de tres días lo encontraron en el templo, sentado entre los maestros, escuchándolos y haciéndoles preguntas. Todos los que le oían se asombraban de su inteligencia y de sus respuestas (Lucas 2:41-47).

A menudo se utiliza esta historia para señalar el inicio de la misión de Cristo en la Tierra. Vemos a un joven muy sabio para su edad, sin temor a estar solo y por su cuenta en una gran ciudad, comprometido por completo con sus maestros del templo. Si has oído la historia, *especialmente* si la has oído numerosas veces, quizá esa sea la parte en la que en un principio te enfocas. Pero no nos olvidemos que —en el corazón de este pasaje— ¡se encontraba una madre frenética cuyo hijo llevaba varios días desaparecido!

> Cuando lo vieron sus padres, se quedaron admirados. "Hijo, ¿por qué te has portado así con nosotros?", le dijo su madre. "¡Mira que tu padre y yo te hemos estado buscando angustiados!" (Lucas 2:48).

María debía haber estado profundamente aliviada de ver a su hijo, y de saber que estaba ileso y a salvo. Sí, ella sabía que Él tenía un destino divino, pero parece que no había anticipado que sería tan joven cuando su destino comenzara a revelarse. Está claro que la tomó por sorpresa: ¿¡Cómo pudiste permitir que pasemos por este temor y pánico!?

En los dos versículos citados previamente en este capítulo (la profecía de Simeón y la huida a Egipto), el sufrimiento de María como madre era causado por motivos externos. Experimentó el augurio de las palabras de Simeón, y el temor ante la perspectiva de ser encontrados por los asesinos de Herodes. Pero en este caso, Jesús mismo era la fuente de su dolor. ¿Puedes imaginarte lo que deben haber sido esos tres días para María? Tan solo una hora de no saber dónde están tus hijos, de no poder protegerlos mientras quizás se encuentran perdidos, confundidos y llamando tu nombre, es una agonía. Es un dolor que cientos de miles de madres experimentan cada año. Cientos de miles de niños desaparecen cada año en los Estados Unidos, dejan madres preocupadas y angustiadas que oscilan entre la esperanza y la desesperación hasta que aparezca ese niño. Por un par de días insufribles, María fue una de esas madres. Pero vivió en un mundo en el que no había posibilidad de llamar al 911 y buscar apoyo de la policía para la búsqueda. Vivía en una época en la que no había celulares, ni redes sociales en las que pudiera postear una foto de su hijo; no tenía modo de enterarse de inmediato de las pistas que hallaran los amigos y la familia que también deberían estar buscando.

En medio de esta historia, es fácil pasar por alto un detalle revelador: la cantidad de días. "Al cabo de tres días lo encontraron en el templo" (Lucas 2:46). Jesús estuvo perdido para sus desconsolados padres por tres días, tal como luego estaría ausente entre sus seguidores en duelo por tres largos días. Al tercer día, cuando encontró a su hijo, María tuvo un presagio del gozo de la resurrección futura. ¡Y estaba entero, vivito y coleando! Por más agradecida que ella debe haber estado por lo que parecía ser un milagro, María hizo la misma pregunta que cualquier madre en esa situación hubiese hecho: "¿Por qué te has portado así con nosotros?". Jesús respondió:

"¿Por qué me buscaban? ¿No sabían que tengo que estar en la casa de mi Padre?". Pero ellos no entendieron lo que les decía (Lucas 2:49-50).

¿Fue la respuesta de Jesús un baldazo de agua fría para María? ¿Por qué siquiera me buscaban? Siendo o no la mamá del Salvador del mundo, puedo suponer que eso golpeó a María directo al corazón. Es curioso, pero Jesús en realidad no respondió a la pregunta. (Ciertamente, ¡muchas de nosotras podemos identificarnos con un niño de doce años evadiendo una pregunta directa que le hemos hecho!). En cambio, Jesús actuó como si fuese lo más natural del mundo estar donde Él estaba, en el templo. Algunas traducciones dicen que Jesús les preguntó a sus padres: "¿Acaso no sabían que es necesario que me ocupe de los negocios de mi Padre?" (Lucas 2:49, RVC); como si su preocupación no tuviese sentido. María y José sabían que su hijo mayor era inequívocamente divino, el Hijo de Dios, pero ¿habían perdido de vista su misión celestial en medio de la crianza de una familia y los asuntos de la vida? La respuesta de Jesús a sus confundidos padres debe haber parecido irritantemente poco compasiva. La Biblia nos dice que ellos no lo entendieron.

En este pasaje en Lucas 2, vemos a María haciendo eco de los sentimientos de sus ancestros, quienes también se encontraron, por momentos, desconcertados por los misteriosos planes de Dios. Rebeca, Raquel, Jocabed: estas mujeres deben haber sentido que los planes de Dios se descarrilaron cuando sus hijos fueron lanzados al exilio. De hecho, estos giros inesperados fueron los momentos clave del plan final de Dios. Cuando María recibió la advertencia en la profecía de Simeón acerca del futuro caótico de Jesús, todavía no podía ver la forma final del plan de Dios. La desaparición de Jesús debe haberla asustado, y luego debe haberse sentido confundida al encontrarlo a salvo e ignorando el pánico que había causado su ausencia. Por momentos debe haber sido desconcertante considerar su naturaleza divina mientras pasaba de ser un niño a un adolescente y a un adulto. Las Escrituras nos dicen que su familia volvió a la normalidad —aunque ciertamente era una *nueva* normalidad— luego de este inquietante incidente en Jerusalén.

Así que Jesús bajó con sus padres a Nazaret y vivió sujeto a ellos. Pero su madre conservaba todas estas cosas en el corazón. Jesús siguió creciendo en sabiduría y estatura, y cada vez más gozaba del favor de Dios y de toda la gente (Lucas 2:51-52).

Esta historia en Lucas es el primero, último y único esbozo que tenemos de la niñez de Jesús. Después de esto, todas las narraciones del evangelio pasan rápidamente a Jesús como adulto. La historia del sufrimiento de María se nos hace más familiar a partir de este punto. Es más fácil de imaginar el dolor que debe haber sentido como madre de un hombre acusado falsamente y ejecutado. Para las madres que sufren al ver a sus hijos ya crecidos luchando por encontrar su camino y haciendo elecciones que sabemos que les traerán dolor, María también estuvo en tus zapatos. La madre de Jesús vivió todas esas cosas. Jesús tenía una misión de sacrificio que ciertamente le causó gran aflicción a los que estaban cerca de Él, pero con el objetivo mayor de proveer un medio de salvación para cada uno de nosotros. María fue bendecida entre las mujeres, pero también se le requirió como madre entregar a su hijo continuamente y ser testigo de la incomprensión y los abusos que Él vivió. Fue ejemplo de gracia y madurez al "atesorar" todas esas realidades en su corazón humano.

María en Caná

El evangelio de Juan nos da el único vistazo de una interacción entre un Jesús adulto y su madre que no está relacionado con sus días finales. En una boda en Caná, María instó a Jesús a hacer público su ministerio. Algunos académicos creen que María puede haber tenido lazos familiares o una amistad que la relacionaran con la boda, lo cual explicaría por qué sintió alguna clase de responsabilidad de que los invitados pudieran disfrutar de la recepción. Asumiendo que María ya había asimilado que el camino de Jesús sería desafiante, habría conllevado un verdadero desapego poder decirle a su hijo: "Este es el momento. No esperes más". Pero tampoco está claro si María, cariñosamente y confiando en su primogénito divino, sabía lo que pedía al traerle este pequeño problema doméstico.

Al tercer día se celebró una boda en Caná de Galilea, y la madre de Jesús se encontraba allí. También habían sido invitados a la boda Jesús y sus discípulos. Cuando el vino se acabó, la madre de Jesús le dijo: "Ya no tienen vino". "Mujer, ¿eso qué tiene que ver conmigo?", respondió Jesús. "Todavía no ha llegado mi hora". Su madre dijo a los sirvientes: "Hagan lo que él les ordene" (Juan 2:1-5).

A primera vista, ¡qué lugar peculiar para comenzar un ministerio de milagros y sermones! Nuestra mente terrenal piensa que hubiese sido más apropiado una mañana de Sabbat en la sinagoga local. Tal vez el primer milagro de Jesús debería haber sido un evento más dramático: un exorcismo, levantar a alguien de entre los muertos, una sanidad inesperada. Pero eso no fue lo que sucedió. El primer milagro de Jesús fue realizado en una pequeña boda entre la familia y amigos. El ministerio que lo llevaría a la cruz comenzó en regocijo, en medio de una celebración humana; una boda que quizás fue el presagio de la boda de Cristo con la iglesia, que estaba por venir. Y en medio de todo ese festejo, había un recordatorio embarazoso de las limitaciones de los anfitriones: no había más vino.

Observa que María no fue hasta Jesús y le dijo: "¿Qué opinas sobre esto?", o "Tal vez deberías considerar ayudarlos". Todo lo que hizo fue presentarle la información de lo que sucedía y dejarlo tomar su propia decisión. Jesús le habló de modo coloquial e informal a su madre, en palabras que son difíciles de traducir al español. Lo que literalmente dijo fue "Mujer, ¿eso qué tiene que ver conmigo? Todavía no ha llegado mi hora". Mi lectura inicial de esta historia hace unos años fue que la respuesta de Jesús fue un poco brusca. Sin embargo, buscar la cita en su lenguaje original nos ayuda a ver que ese no fue para nada el caso. Llamar a María "mujer" puede sonar un poco irrespetuoso en español, pero pensemos en el griego. En el idioma original, es un término cortés y de respeto, algo así como "querida dama" o "señora". Era formal, pero firme; Jesús le hizo saber a María que Él actuaría de acuerdo con lo que considerara apropiado.

Más adelante en el evangelio de Juan, Juan el Bautista dice acerca de Jesús: "A Él le toca crecer, y a mí menguar" (Juan 3:30). Toda madre conoce ese momento, de aprender cuándo dar un paso atrás y dejar que su hijo tome la delantera. Sucederá una y otra vez en cuanto un niño se va convirtiendo en adulto, desplegando sus propias alas de independencia. María nos sirve de ejemplo aquí, cediendo a los planes y propósitos de Dios. Finalmente, en aquella boda, Jesús sí comenzó a revelar su naturaleza divina, poniendo en marcha mucho más de lo que su madre podría haber imaginado.

Había allí seis tinajas de piedra, de las que usan los judíos en sus ceremonias de purificación. En cada una cabían unos cien litros. Jesús dijo a los sirvientes: "Llenen de agua las tinajas". Y los sirvientes las llenaron hasta el borde. "Ahora saquen un poco y llévenlo al encargado del banquete", les dijo Jesús. Así lo hicieron. El encargado del banquete probó el agua convertida en vino sin saber de dónde había salido, aunque sí lo sabían los sirvientes que habían sacado el agua. Entonces llamó aparte al novio y le dijo: "Todos sirven primero el mejor vino y, cuando los invitados ya han bebido mucho, entonces sirven el más barato; pero tú has guardado el mejor vino hasta ahora". Esta, la primera de sus señales, la hizo Jesús en Caná de Galilea. Así reveló su gloria, y sus discípulos creyeron en él. (Juan 2:6-11)

Observa esa última oración. María ya conocía lo que los discípulos descubrieron y abrazaron verdaderamente aquel día: la naturaleza divina de Jesús. Estos hombres lo habían estado siguiendo, escuchando sus enseñanzas sin haber visto aún un milagro. Pues ahora ya lo habían visto, y aquel recorrido había comenzado.

María, madre del dolor

No podemos olvidar que, aunque Jesús fuese el mayor, no era el único hijo de María. Conocemos al menos sobre sus hermanos nombrados en la Biblia: Santiago, José, Simón y Judas; pero también de hermanas de quienes nunca se mencionan sus nombres (Mateo 6:3, 13:55-56; Marcos 6:3). Sin dudas, María había estado ocupada criando a sus hijos al mismo tiempo que recordaba las promesas y profecías acerca de su primogénito. A pesar de las muchas responsabilidades que debe haber tenido, en los últimos días de Jesús ella se mantuvo cerca. ¿Estuvo acaso mientras la multitud lo aclamaba en su entrada a Jerusalén?

Tanto la gente que iba delante de él como la que iba detrás gritaba: "¡Hosanna al Hijo de David!". "¡Bendito el que viene en el nombre del Señor! "¡Hosanna en las alturas!" (Mateo 21:9).

Tanto los que iban delante como los que iban detrás gritaban: "¡Hosanna!". "¡Bendito el que viene en el nombre del Señor!". "¡Bendito el reino venidero de nuestro padre David!". "¡Hosanna en las alturas!" (Marcos 11:9-10).

Al acercarse él a la bajada del monte de los Olivos, todos los discípulos se entusiasmaron y comenzaron a alabar a Dios por tantos milagros que habían visto. Gritaban: "¡Bendito el Rey que viene en el nombre del Señor!". "¡Paz en el cielo y gloria en las alturas!" (Lucas 19:37-38).

Al día siguiente muchos de los que habían ido a la fiesta se enteraron de que Jesús se dirigía a Jerusalén; tomaron ramas de palma y salieron a recibirlo, gritando a voz en cuello: "¡Hosanna!". "¡Bendito el que viene en el nombre del Señor!". "¡Bendito el Rey de Israel!" (Juan 12:12-13).

Imagínate ser testigo de esta eufórica bienvenida y alabanza a tu propio hijo. Desde mucho antes de que naciera en su forma humana, María sabía exactamente lo que era Jesús: "El Hijo del Altísimo". Había oído la profecía de que Él se sentaría en el trono de "su padre David... Su reinado no tendrá fin" (Lucas 1:32-33). También había sido testigo de las críticas y ataques de aquellos que no creían. Me pregunto si al entrar en Jerusalén, alguna parte de María pensaba: *"Ahora comprenden. Finalmente ven y aceptan a Jesús como su Mesías y Salvador"*. O si las palabras de Simeón —que prometían no solo la salvación sino también el sufrimiento— aún seguían atascadas en su mente, como advertencia de lo que quedaba por venir.

Es posible que María presenciara todo lo que le sucedió a Jesús esa semana. Teniendo en cuenta que se la menciona en la crucifixión, es probable que María haya estado con los discípulos en Jerusalén, viajando con ellos para apoyar y ayudar en todo lo que pudiera. Debido a que el juicio rápido y falso a Jesús fue precedido por la casi inmediata crucifixión, María no podría haber tenido suficiente tiempo para viajar el largo trayecto desde Nazaret hasta Jerusalén tan sobre la hora. Podemos asumir que María era parte del círculo íntimo de personas que viajaron con Jesús en sus últimos meses y semanas, y probablemente estuvo desde antes también.

Durante el tiempo que viajó con Jesús, ¿pensó María alguna vez que ese trayecto culminaría en una cruz romana? Siendo una mujer que creció en territorio ocupado por los romanos, tal vez sí lo hizo. Una crucifixión no era algo que no hubiese visto antes. La brutalidad del Estado romano era parte de su vida cotidiana. Que las autoridades religiosas de su propio pueblo conspiraran con el Estado romano para ejecutar a Jesús sí que era un giro inesperado. Pero debía haber visto ya la ira de los hombres que discutían con Él, de aquellos a los que Él constantemente callaba con su sabiduría y verdad. De seguro María había oído las amenazas contra Jesús.

Qué rápido pasaron las multitudes entusiastas de Jerusalén a celebrar un juicio hipócrita, que derivó en la tortura y sentencia de muerte del hijo amado de María. La madre de Jesús tuvo que soportar ver a su hijo salir de esa corte ensangrentado, golpeado y lastimado. Tuvo que presenciar el imposible camino hasta el lugar de su ejecución. Tuvo que pararse a su lado mientras su carne y músculos eran atravesados por clavos de hierro. Lo que tal vez no había anticipado era que Jesús no haría esfuerzo alguno para salvarse. Quizás pensó lo mismo que sus discípulos (Judas inclusive) de seguro pensaron: que si las cosas se ponían difíciles, y Jesús era arrastrado hasta la corte, romana o cualquier otra, Él usaría su formidable poder para liberarse y probar que era el Mesías.

Los discípulos más cercanos a Jesús habían presenciado quién era Él realmente en las semanas previas a su arresto, cuando fue transfigurado ante Pedro, Santiago y Juan y su ropa resplandeció como la luz (Mateo 17:1-9). Ciertamente ese poder y gloria ya eran bien conocidos por su madre. ¿Acaso María también pensó que Jesús usaría su poder para liberarse si las cosas iban demasiado lejos? Tal vez al menos haría uso de sus afiladas palabras o su aún más afilada mente para defenderse, la mente que había estado confundiendo a los doctores de la ley desde que Él tenía doce años.

El último momento en que encontramos a María en los evangelios es al pie de la cruz. En una de las escenas más desgarradoras de todas las Escrituras, Jesús en su agonía muestra preocupación por su madre y lo que sucedería con ella luego de que Él muriera.

Junto a la cruz de Jesús estaban su madre, la hermana de su madre, María la esposa de Cleofás, y María Magdalena. Cuando Jesús vio a su madre, y a su lado al discípulo a quien él amaba, dijo a su madre: "Mujer, ahí tienes a tu hijo". Luego dijo al discípulo: "Ahí tienes a tu madre". Y desde aquel momento ese discípulo la recibió en su casa (Juan 19:25-27).

Aquí mismo, al final de la vida de su hijo, María nos muestra cómo caminar el sendero más difícil que puede haber: el de la impotencia.

No hay nada más difícil que sentirse impotente ante el sufrimiento de un hijo. Cualquier madre sentada en la noche junto a su hijo afiebrado y decaído sabe de este dolor. Cualquier madre en la cama de un hospital mirando a su amado hijo luchar por la vida sabe de esta agonía. ¿Qué puedo hacer? Le imploramos a Dios en nuestras oraciones, y a veces la respuesta es: *nada*. ¿Qué hacemos cuando ya no podemos rescatar a nuestro hijo del camino en el que se encuentra? ¿De dónde sacamos la fuerza para enfrentar nuestra desesperación?

María encuentra las fuerzas a los pies de la cruz, que es donde nosotras también encontramos las nuestras. Con demasiada frecuencia en nuestra iglesia nos sentimos incómodas por el sufrimiento. Tal vez hablemos del tema, pero no nos gusta mucho *verlo*. Algunas personas creen erróneamente que ser un cristiano comprometido significa ser y sentirse feliz y optimista todo el tiempo. Pero Cristo mismo nos advirtió que esa no es la realidad:

> Yo les he dicho estas cosas para que en mí hallen paz. En este mundo afrontarán aflicciones, pero ¡anímense! Yo he vencido al mundo (Juan 16:33).

Cristo en la cruz nos llama a una vida de sufrimiento: la realidad diaria que experimentamos como cristianos. Pero también nos recuerda que debemos tener presente cómo termina la historia. La tumba vacía sigue siendo la fuente de nuestro gozo inamovible. María nos muestra que el camino hacia la paz y redención definitiva es *a través* de la aflicción, justo en medio de ella y hasta el otro lado. No podemos evadir la cruz en nuestro camino a la resurrección.

Lo mismo ocurre con el camino de discipulado que atraviesa la maternidad. Para todas las que son madres, la pregunta no es *si acaso* caminarás por el dolor; la pregunta es *cuándo* lo harás. El júbilo auténtico que sintió María cuando escuchó que Jesús había resucitado de entre los muertos queda fuera de nuestra imaginación; o tal vez no. Toda madre que haya abrazado a un hijo pensando que lo había perdido para siempre, cuando vuelve a tenerlo en sus brazos contra todo pronóstico, sabe lo que sintió María esa mañana de Pascua. El gozo de María (y el nuestro) no sucede a pesar de la cruz; sucede *gracias a* la cruz.

María en la iglesia primitiva

La última aparición de María en la Biblia no está en los evangelios sino en el libro de los Hechos. Su historia no termina con la Pascua sino que, al igual que la historia de la joven y reciente comunidad cristiana, su historia tiene un nuevo comienzo justo allí.

Entonces regresaron a Jerusalén desde el monte llamado de los Olivos, situado aproximadamente a un kilómetro de la ciudad. Cuando llegaron, subieron al lugar donde se alojaban. Estaban allí Pedro, Juan, Jacobo, Andrés, Felipe, Tomás, Bartolomé, Mateo, Jacobo hijo de Alfeo, Simón el Zelote y Judas hijo de Jacobo. Todos, en un mismo espíritu, se dedicaban a la oración, junto con las mujeres y con los hermanos de Jesús y su madre María (Hechos 1:12-14).

Después de que Jesús ascendió al cielo, sus discípulos se mantuvieron en Jerusalén como Él les había encomendado para que esperaran la promesa del Espíritu Santo (Hechos

1:4). Una vez que Jesús se había alejado físicamente de ellos, se aferraron aún más a su pequeña comunidad de creyentes. Y allí es donde encontramos a María, fielmente presente y reunida en hermandad con los discípulos de Jesús. Aún luego de que su Hijo (en su forma física) había dejado la Tierra, María se dedicó a la comunidad que Él dejó. Al unirse a ellos, continuó con el trabajo de Jesús luego de su ascensión. Ella creía en la misión que Jesús le había dado a la iglesia primitiva, aun cuando eran simplemente un puñado de personas en una habitación alquilada.

Esto no había sido un desafío para María, ya que había creído en Cristo más que cualquiera de ellos. Para ella, estar entre nuevos creyentes nerviosos y entusiasmados se debe haber sentido como el fruto de la esperanza y los sueños que había alojado en su corazón por tanto tiempo. ¡Cuán lejos había llegado! La madre de Jesús había creído en Él por treinta y tres años, desde aquel momento en que un ángel le dijo que toda su vida sería puesta patas arriba por un niño milagroso. Ella había confiado en sus promesas al salir de la cama una noche junto a José y escapar juntos de los soldados de Herodes. Había creído en Él al sostenerlo junto a su pecho en una tierra majestuosa de dioses ajenos y grandiosos palacios. Había creído en Él mientras crecía y se convertía en un muchachito confiado e impredecible, cuyas expectativas eran moldeadas por un reino que ella aún no podía ver. Saber que Jesús había triunfado sobre la muerte y ver brotar los comienzos de su Iglesia... en esto María atestiguaba la culminación de las promesas que el ángel Gabriel y el sacerdote Simeón le habían dado décadas atrás. Finalmente, podía ver con claridad los planes secretos de Dios que un día habían sido tan misteriosos.

Probablemente, María compartió estas historias del comienzo con la iglesia primitiva y los hombres que después las documentarían en los evangelios. María les dio coraje al compartir su propia travesía. Sabía que el camino por delante sería difícil, mientras los discípulos luchaban para hacer sus propios discípulos. Se embarcaban en la misión de difundir las buenas nuevas de Dios en Cristo hasta cada rincón de su mundo. Pero también esto es parte del corazón de una madre: la inversión en una tarea lenta y constante, sabiendo que tal vez no verás los resultados finales. María no viviría para ver a la iglesia convertirse en lo que finalmente sería siglos después. Probablemente murió antes de que el cristianismo echara raíz en su tierra natal.

Las madres dedican su vida a un futuro que va a continuar mucho después que ellas, y lo hacen pisando las huellas de María, quien también trabajó por la esperanza de una promesa. Las madres oran por sus vientres embarazados, piden ayuda a Dios en las incontables noches sin dormir, y esperan con deseo que un día sus hijos abracen todo lo que Dios planeó para sus destinos. Como hija, estoy agradecida tanto por mi madre terrenal, quien hizo todo esto y más, y por las madres espirituales con las que he sido bendecida a lo largo de mi vida. Algunas de ellas tienen hijos propios; otras no. Y eso nunca las detuvo de volcar en mí generosamente su tiempo y sabiduría cuando yo más lo necesitaba. Y ahora he cerrado el círculo, respondiendo las preguntas de jóvenes mujeres que se encuentran en la generación que sigue. Carreras profesionales, relaciones, finanzas personales, sueños; estos temas y otros más han sido asunto de llamadas telefónicas entre lágrimas y agitados mensajes de texto. Estoy eternamente agradecida por las "madres" que me socorrieron en mis pedidos de auxilio, y por la oportunidad que hoy tengo de hacer eso por las "hijas" que Dios ha traído a mi vida.

Querido Dios, concédenos la constancia de María frente al gozo extraordinario y también a la abrumadora tristeza. Ayúdanos a tomar nuestra cruz y seguirte, desde el dolor hacia la promesa de redención. Enséñanos a abrazar nuestra impotencia al ver sufrir a nuestros hijos, y danos la fuerza para rendirlos a ti, tal como María te encomendó su amado hijo. Recuérdanos que todas podemos ser madres para aquellos que están buscando guía y ayuda en los desafíos de la vida. Guíanos a ser fieles como María, invirtiendo nuestra vida en tu iglesia y la misión del evangelio.

Preguntas de estudio sobre María, la madre de Jesús

1. ¿Cómo ejemplifica María el gran abanico de emociones y experiencias que atraviesan las madres? Desde el principio, muestra compromiso con la obediencia y la confianza (Lucas 1:38). ¿Cómo podemos desarrollar las mismas características espirituales en nuestra vida?

2. ¿Cuál fue la reacción de María a la profecía de Simeón sobre la vida de Jesús? ¿Cómo reaccionarías tú a una noticia como esta? (Lucas 2:28-33).

3. ¿La vida de María y José como refugiados produce un impacto en tu vida en la manera en que ves a aquellos con necesidades alrededor del mundo? ¿Cómo podemos inspirarnos en su voluntad de seguir la dirección de Dios, aun cuando eso requería de un viaje arriesgado?

4. Aun cuando sabemos que Jesús era el Hijo de Dios, María y José tenían otros hijos y una vida atareada y ordinaria. ¿Crees que por momentos era fácil olvidar su verdadera misión? (Lucas 2:42-52).

5. ¿Cómo interpretas el rol de María en el primer milagro público de Jesús? (Juan 2:1-11). ¿Cuál fue el impacto que causó en los discípulos?

6. ¿Qué aprendemos sobre la profunda fidelidad a través de la presencia de María, no solo a los pies de la cruz sino también en las reuniones de creyentes luego de la muerte y resurrección de Jesús?

Hijas y padres

La Biblia está llena de historias crudas e incómodas, pero cada una se incluyó con un propósito. A menudo, están allí para ver los resultados a largo plazo por desobedecer los mandamientos y las directrices claras de Dios. A veces, se demuestran en relaciones familiares defectuosas. Pero las historias nunca carecen de lecciones y de esperanza. Al mirar los errores cometidos por madres y padres terrenales, podemos ver con mayor claridad el poder de Dios cuando Él los redime para siempre.

Al examinar las historias de estas familias imperfectas, podemos también reunir herramientas y entendimiento para lidiar con nuestros desafíos de la vida moderna. Dios es fiel cuando dejamos nuestros temores y frustraciones más profundas a sus pies. Él es el Padre que nunca nos abandonará o rechazará. Somos preciosas ante sus ojos, sin importar nuestras circunstancias aquí en la Tierra.

La figura del padre puede guiarnos, enseñándonos acerca de la obediencia y valentía para que podamos confrontar al enemigo cuando se presente en los detalles de nuestra vida diaria. Al prepararnos, alentarnos, y hablarnos de la verdad cuando más la necesitamos, los hombres de Dios pueden prepararnos para el camino que Él planificó para nosotras mucho antes de la fundación del mundo que conocemos.

Dina

(GÉNESIS 34)

Dina, la hija de Israel

Muchas historias del Génesis son duras de leer. Pero es importante indagar en estas partes de la Biblia, por arduo que sea. Hay pecados difíciles de confrontar y verdades duras de digerir. Si queremos realmente entender la figura de Dios y sus planes, no podemos saltarnos las historias que carecen de finales felices. Lo que podemos hacer es aprender de los errores devastadores y las consecuencias de la desobediencia y el pecado deliberado. La historia de Jacob y la hija de Lea, Dina, es una de esas historias llenas de personas malas y estropeadas. Una decisión cruel por encima de otra hasta que ya casi no quedaba nada más que un desierto de violencia y destrucción, tanto emocional como física.

Al comenzar la historia, leemos que Jacob y su familia vivían en las afueras de la ciudad de Siquén, en unas parcelas de tierra que habían comprado (Génesis 33:18-20). Eso parecería estar en conflicto con la orden que Dios le había dado a Jacob de reasentarse en su tierra nativa.

"Yo soy el Dios de Betel, donde ungiste una estela y me hiciste una promesa. Vete ahora de esta tierra, y vuelve a la tierra de tu origen" (Génesis 31:13).

Al vivir en las afueras de Siquén, ¿estaba ya Jacob en un lugar y con gente de la que Dios le dijo específicamente que se apartara? Como veremos en esta historia, él es un padre pasivo, en el mejor de los casos. No solo falló en proteger y defender a su propia hija, sino que también tuvo problemas para guiar y controlar a sus hijos varones.

Los miembros de la familia de Jacob eran terratenientes adinerados, algo así como miembros prósperos de la tribu de los beduinos, pero no vivían en ciudades muy urbanizadas como los habitantes de Canaán. Sabemos por evidencia arqueológica de este período que las ciudades cananeas eran ricas, centros de comercio altamente poblados, que se extendían a lo largo de la región del Creciente Fértil, entre Mesopotamia y Egipto. Canaán era una intersección de los caminos del mundo, y sus distintos pueblos eran culturalmente letrados y sofisticados. Su religión era sin duda pagana y politeísta, una mezcla de dioses de la región, incluidos Ishtar y Baal, Quemós y Bel. Los extranjeros monoteístas que entraban a esta región, viviendo en tiendas hechas de piel de camello en lugar de construcciones, y adorando a un dios invisible y misterioso, deben de haber parecido muy extraños a los ojos de los cananeos. Al mismo tiempo, los hijos de Jacob deben de haber estado fascinados por esta nueva tierra en la que se encontraban, y toda esta gente extraña.

Fue en este contexto que la única hija conocida de Jacob salió.

En cierta ocasión Dina, la hija que Jacob tuvo con Lea, salió a visitar a las mujeres del lugar. Cuando la vio Siquén, que era hijo de Hamor el heveo, jefe del lugar, la agarró por la fuerza, se acostó con ella y la violó (Génesis 34:1-2).

En esta situación espantosa, una joven mujer fue víctima de un hombre que aparentemente no tenía la más mínima consideración por ella como persona. Dina era probablemente una adolescente cuando fue tratada con tal brutalidad. Jacob y su familia estaban viviendo en una tierra en la que eran extranjeros, en una cultura en la que las jóvenes mujeres podían ser vistas como "zona libre" a los ojos de los hombres impíos. ¿Falló Jacob en su deber paternal de supervisarla y protegerla? Parece que ella no sintió ningún temor al aventurarse sola. ¿Sabían sus padres que ella había salido por su cuenta?

Cualquier mujer que haya sufrido violencia sexual puede entender el sufrimiento por el que pasó Dina. Para muchas mujeres, el daño psicológico puede ser aún más destructivo que el daño físico. Someterse a la violación de nuestro cuerpo en el nivel más íntimo rasga el tejido de nuestro ser. Podemos encontrar muchísima sanidad al acudir a profesionales calificados y apasionados por ayudar a una víctima a transitar el trauma. Una red de contención de seres queridos también puede ayudar a una mujer a lidiar con el mar de emociones, desde la ira hasta la desesperación. Dios mismo promete sanar nuestras heridas, estar cerca de los que sufren y salvar a aquellos "quebrantados de corazón" (Salmos 34:18). El proceso de recuperación y perdón puede ser largo y angustiante, pero es posible. Las mismas sobrevivientes a menudo son el apoyo más empático, capaces de transformar su propia tragedia en un camino que guíe a otros hacia la plenitud.

Dina solo había conocido la protección de las tiendas de campaña de su familia y el respeto que se le brindaba a las mujeres en una cultura en la que todos los miembros de la familia trabajaban codo a codo. La conmoción de cualquier mujer al ser tratada como un objeto, como mercancía de la que se abusa y luego se desecha, es grave. Especialmente para Dina, una chica de campo, extranjera, tal vez peligrosamente inocente. Había pasado de ser la atesorada hija menor de su madre, a ser tratada como una posesión por un hombre cruel y que creía tener privilegios. Curiosamente, al victimizar a Dina, puede que Siquén, de hecho, la haya elegido a ella en particular porque sería de gran valor para él. Jacob era un hombre adinerado, y casarse con su hija hubiese sido un beneficio. Siquén sabía bien que luego de violar a Dina, sería casi imposible para su familia arreglarle un matrimonio honorable con otra persona.

Hay muchas cosas desagradables para digerir en esta historia, incluidos los versículos que siguen a la violación de Dina.

Sin embargo, luego se enamoró de ella e intentó ganarse su cariño con palabras tiernas. Le dijo a su padre Hamor: "Consígueme a esta joven pues quiero casarme con ella" (Génesis 34:3-4, NTV).

Podríamos decir que la mejor forma de describir los sentimientos de Siquén hacia Dina es la lujuria, no el amor. El amor no viola forzosamente a una muchacha. ¿Y qué podemos interpretar del hecho de que le habló "con palabras tiernas" (Génesis 34:3, NTV)? Algunos abusadores y violadores intentarán endulzarles el oído a sus víctimas, ya sea para cubrir sus propias fechorías o para convencer a la víctima de que de algún modo consintió o provocó el ataque. Nada sabemos del modo en que Dina se sintió o respondió, solo conocemos la demanda egoísta por parte de su abusador de casarse con ella. Luego se enteró su padre, Jacob.

Jacob se enteró de que Siquén había violado a su hija Dina, pero, como sus hijos estaban en el campo cuidando el ganado, no dijo nada hasta que ellos regresaron (Génesis 34:5).

¿¡Qué!? ¿Tu hija ha sido violada y tú simplemente te sientas a esperar que tus hijos regresen? Como veremos un poco después, a menudo Jacob (al igual que su madre, Rebeca), parecía estar más preocupado por el potencial impacto que las cosas le ocasionarían a él, más que a los demás. Lo que también está faltando en esta historia es alguna interacción entre Jacob y Dina. Ella era la hija de su esposa "menos favorita", Lea, detrás de una larga fila de hijos varones. ¿Cómo era su relación? ¿Estaba desconectado de las actividades y la vida de Dina? En el momento que se entera de que su hija había sido violada, el versículo nos dice que Jacob "no hizo nada". Toda hija quiere sentir que su padre es su protector y defensor. Lamentablemente, ese no es siempre el caso, y la Biblia no esconde los defectos de los hombres y mujeres que Dios puede usar en sus planes, como Jacob.

El padre de Siquén, Hamor, se acercó a Jacob para hablar sobre lo sucedido. Hamor era un líder en la región, tenía autoridad y poder. En esos días, la conducta sexual no se trataba tanto de consentimiento como de normas culturales y apariencias. Parece ser que el padre del violador de Dina pensó que el mejor modo de lidiar con aquel delito era negociando un matrimonio para su hijo... pero luego los hermanos de Dina se enteraron.

Cuando los hijos de Jacob volvieron del campo y se enteraron de lo sucedido, quedaron muy dolidos y, a la vez, llenos de ira. Siquén había cometido una ofensa muy grande contra Israel al abusar de su hija; era algo que nunca debió haber hecho (Génesis 34:7).

El narrador de Génesis dejó en claro, más de una vez, que lo que pasó fue abominable: "una ofensa muy grande", "algo que nunca debió haber hecho". Fíjate que usó las palabras "contra Israel". Por primera vez en la Biblia, "Israel" no se refiere a un hombre, Jacob, hijo de Isaac y Rebeca, sino a un pueblo. Y cuando había sido cometido un delito, se había hecho "contra Israel", como si esta pequeña banda de extranjeros con temor de Dios fuese un pueblo poderoso y unificado. La violación de Dina creó por primera vez este sentido de que no eran solo la familia de Jacob, sino que eran el pueblo de Israel. Fue en respuesta a la injusticia que los descendientes de Abraham se convirtieron realmente en Israel. El peligro llegó cuando la búsqueda de justicia se convirtió en venganza, como pronto veremos.

No hay ningún registro en el texto de Jacob o alguno de sus hijos cuestionándose si la violación había sucedido realmente o, más importante, preguntándose si Dina había consentido o no. Dina no tenía motivo para dudar de que sería vengada, y que la comunidad de su familia la apoyaría en un cien por ciento. Los sobrevivientes de delitos sexuales a menudo expresan que una de las cosas que más les ayudó a salir adelante es que alguien creyera su historia. La familia de Dina ni siquiera necesitó tener una conversación al respecto;

la confianza en ella y en la culpabilidad de Siquén era absoluta. No se sentaron a debatir si Dina debía o no debía haber salido de paseo aquel día después de todo. La Biblia no hace comentario alguno sobre su comportamiento. Eso era irrelevante para lo sucedido; Siquén la violó. La Biblia examina el pecado de él, y es él quien debe rendir cuentas, ferozmente, a sus hermanos enfurecidos.

La reacción inmediata de los hermanos de Dina fue la ira, que era un notable contraste con la aparente indiferencia de Jacob al enterarse de lo sucedido. Aquí esta historia se aleja tanto de cómo funciona nuestra cultura actual que es difícil de comprender. El padre del abusador de Dina inició negociaciones con Jacob.

Pero Hamor les dijo: "Mi hijo Siquén está enamorado de la hermana de ustedes. Por favor, permitan que ella se case con él. Háganse parientes nuestros. Intercambiemos nuestras hijas en casamiento. Así ustedes podrán vivir entre nosotros y el país quedará a su disposición para que lo habiten, hagan negocios y adquieran terrenos" (Génesis 34:8-10).

Una señal de alarma tras otra. No solo el padre de Siquén quería que Dina se casara con su hijo, sino que además la solicitud fue hecha de un modo que sugería que se trataba de una historia de amor. Y luego le presentó a Jacob un compromiso mucho más grande: ¡háganse parientes nuestros, intercambiemos a nuestras hijas! Le propuso a Jacob, cuyos doce hijos varones eran los cimientos de las tribus de Israel, que se tomara a la ligera el pacto que Dios había hecho directamente con su familia.

Al continuar la conversación, el mismo Siquén habló:

El propio Siquén también habló con el padre de Dina y con sus hermanos: "Por favor, sean bondadosos conmigo y permitan que me case con ella", les suplicó. "Yo les daré cualquier cosa que me pidan. Sea cual fuere la dote o el regalo que exijan, lo pagaré de buena gana; solo les pido que me entreguen a la muchacha como esposa" (Génesis 34:11-12, NTV).

Aquí Jacob es descrito como "el padre de Dina". Eso es algo para resaltar, porque una de las tareas principales de un padre en el antiguo Medio Oriente era negociar matrimonios para sus hijas. Pero intenta imaginar un hombre que ha violado a tu hija o a tu hermana diciendo "sean bondadosos conmigo". ¿Acaso el valor de Dina como mujer era tan intrascendente para Siquén y su familia que creían que podían tapar el crimen simplemente con un intercambio? Básicamente, Siquén le puso un precio a su cabeza. *Díganme el monto y denme a la muchacha.* Este hombre se vuelve una figura aún más repugnante cuando recuerdas que durante toda esta negociación, mientras él sonríe y juega a ser amable con la familia de Dina, ella aún se encuentra prisionera.

La respuesta de la familia

En este punto, lo que sea que estuviese pensando Jacob no parece importar. Sus hijos ya habían decidido que no le debían ni una pizca de honor o integridad a Siquén ni a su padre, Hamor. Así que Simeón y Leví engañaron a la gente de Siquén, y el trato que hicieron culminaría en muerte y destrucción.

"Nosotros no podemos hacer algo así", les explicaron. "Sería una vergüenza para todos nosotros entregarle nuestra hermana a un hombre que no está circuncidado. Solo aceptaremos con esta condición: que todos los varones entre ustedes se circunciden para que sean como nosotros. Entonces sí intercambiaremos nuestras hijas con las de ustedes en casamiento, y viviremos entre ustedes y formaremos un solo pueblo. Pero, si no aceptan nuestra condición de circuncidarse, nos llevaremos a nuestra hermana y nos iremos de aquí" (Génesis 34:14-17).

Jacob mismo era el embustero original, el negociador astuto y hábil conspirador: un hombre que engañó a su propio hermano gemelo, Esaú, y a su padre, Isaac. Tendría sentido que la venganza que planearon sus hijos fuese tan retorcida y astuta como la del padre. Él les había enseñado bien. Nota que los hermanos, en lo que estoy segura que creían que era un engaño justificado, pidieron la circuncisión como parte de su plan. La circuncisión era la marca del pacto de Abraham con Dios, un símbolo del compromiso de vivir como su pueblo. Era un recordatorio físico continuo de que Dios había creado una nación a partir de sus promesas intachables. Aquí los hijos de Jacob estaban usando algo destinado a ser santo como estrategia de negociación, un medio de venganza; y Siquén y Hamor lo compraron.

Hamor y Siquén estuvieron de acuerdo con la propuesta; y tan enamorado estaba Siquén de la hija de Jacob que no demoró en circuncidarse. Como Siquén era el hombre más respetado en la familia, su padre Hamor lo acompañó hasta la entrada de la ciudad, y allí hablaron con todos sus conciudadanos. Les dijeron: "Estos hombres se han portado como amigos. Dejen que se establezcan en nuestro país, y que lleven a cabo sus negocios aquí, ya que hay suficiente espacio para ellos. Además, nosotros nos podremos casar con sus hijas, y ellos con las nuestras. Pero ellos aceptan quedarse entre nosotros y formar un solo pueblo, con una sola condición: que todos nuestros varones se circunciden, como lo hacen ellos. Aceptemos su condición, para que se queden a vivir entre nosotros. De esta manera su ganado, sus propiedades y todos sus animales serán nuestros".

Todos los que se reunían a la entrada de la ciudad estuvieron de acuerdo con Hamor y con su hijo Siquén, y fue así como todos los varones fueron circuncidados (Génesis 34:18-24).

¡Qué gran acuerdo para la familia del hombre que había violado a Dina! Es difícil pasar por alto las referencias continuas a la posición de Siquén como "respetado" o "favorecido". Básicamente era el equivalente de un príncipe, y asumo que los príncipes estaban acostumbrados a conseguir lo que querían. No solo Siquén se podía quedar con Dina, sino que además su gente se beneficiaba económicamente con este acuerdo. Está claro que la codicia era parte de este trato, en muchos aspectos. Sin embargo, Siquén y Hamor deben haber sido convincentes, porque todos los hombres de su comunidad accedieron al proceso doloroso de la circuncisión.

Todo lo que he estudiado u oído sobre el tema de la circuncisión en hombres adultos dice que el tercer día luego del procedimiento es el más doloroso en el proceso de recuperación. ¿Habrían estado confiando en el alcohol u otra sustancia que alterase la mente para ayudar a lidiar con el dolor? Cualesquiera que hayan sido los hechos concretos, dos de los hijos de Jacob planearon su ataque para encontrar a esos hombres en su punto más vulnerable y llevar a cabo una matanza despiadada.

Al tercer día, cuando los varones todavía estaban muy adoloridos, dos de los hijos de Jacob, Simeón y Leví, hermanos de Dina, empuñaron cada uno su espada y fueron a la ciudad, donde los varones se encontraban desprevenidos, y los mataron a todos. También mataron a filo de espada a Hamor y a su hijo Siquén, sacaron a Dina de la casa de Siquén y se retiraron. Luego los otros hijos de Jacob llegaron y, pasando sobre los cadáveres, saquearon la ciudad en venganza por la deshonra que había sufrido su hermana. Se apropiaron de sus ovejas, ganado y asnos, y de todo lo que había en la ciudad y en el campo. Se llevaron todos sus bienes, y sus hijos y mujeres, y saquearon todo lo que encontraron en las casas (Génesis 34:25-29).

Simeón y Leví, los hermanos de Dina, arrasaron con todo. No solo mataron al abusador y a su padre, sino también a cada hombre en la ciudad. Saquearon todo lo que les cabía en las manos. Sí, recuperaron a Dina, pero también se llevaron a las mujeres y los niños. Hubo un punto de quiebre que los hijos de Jacob cruzaron visiblemente desde la sed de justicia hacia una sed de sangre y profunda venganza.

Con frecuencia oirás referencias a la idea de justicia del Antiguo Testamento como "ojo por ojo" y demás. Algunos han interpretado que eso significa que puedes imponer un castigo de la misma medida de lo que se ha perdido. Las palabras en latín *lex talionis* se traducen como "ley de represalia" o "ley del talión". El concepto no estaba destinado a desatar venganza o violencia. De hecho, se trata de intentar controlarla, o de establecer un máximo de cuán lejos puede ir una persona al vengarse de quien le hizo daño, no un mínimo. Es la idea de hacer que el castigo sea acorde con el delito. Eso no fue lo que hicieron Simeón y Leví. Ellos no dejaron espacio en absoluto para ninguna clase de misericordia.

Nuestro Padre celestial tiene experiencia en el concepto de decidir cuándo otorgar gracia, ya sea que los humanos la merezcamos o no. En su oración, el profeta Habacuc acudió a Dios en nombre de la gente.

Señor, he sabido de tu fama; tus obras, Señor, me dejan pasmado. Realízalas de nuevo en nuestros días, dalas a conocer en nuestro tiempo; en tu ira, ten presente tu misericordia (Habacuc 3:2).

Muchas veces, Dios escogió redimir a su pueblo en lugar de condenarlo. La totalidad del Nuevo Testamento se trata de su decisión de entregar a su propio Hijo para que los pecadores que nunca podrían ser suficientemente perfectos tuviesen un camino lleno de gracia hacia la reconciliación con Dios. Una de las parábolas más conocidas de la Biblia también es una de las que traen más convicción. En Mateo 18, luego de que Pedro le preguntara a Jesús cuántas veces debemos perdonar a aquellos que nos ofenden, Jesús contó la historia de un hombre que estaba profundamente endeudado. Fue llamado ante un rey que quería saldar deudas con sus servidores.

Al comenzar a hacerlo, se le presentó uno que le debía miles y miles de monedas de oro. Como él no tenía con qué pagar, el señor mandó que lo vendieran a él, a su esposa y a sus hijos, y todo lo que tenía, para así saldar la deuda. El siervo se postró delante de él. "Tenga paciencia conmi-

go", le rogó, "y se lo pagaré todo". El señor se compadeció
de su siervo, le perdonó la deuda y lo dejó en libertad (Mateo 18:24-27).

Según cálculos estimados, el monto que este siervo debía era el equivalente a casi tres mil quinientos millones de
dólares; sí, miles de millones. No había absolutamente ninguna probabilidad de que el hombre pudiese pagarlo jamás,
tal como la deuda creada por nuestros pecados. Sin embargo, en lugar de sentirse sobrepasado en gratitud, ¿qué hizo
el hombre?

Al salir, aquel siervo se encontró con uno de sus compañeros que le debía cien monedas de plata. Lo agarró por
el cuello y comenzó a estrangularlo. "¡Págame lo que me
debes!", le exigió. Su compañero se postró delante de él.
"Ten paciencia conmigo", le rogó, "y te lo pagaré". Pero él
se negó. Más bien fue y lo hizo meter en la cárcel hasta que
pagara la deuda (Mateo 18:28-30).

Espera un momento. ¿Acaso el siervo al que le acababan
de perdonar una deuda multimillonaria fue hasta un hombre
que le debía seis mil dólares, como mucho, y lo hizo mandar
a prisión? Correcto, pero no se saldría con la suya.

Cuando los demás siervos vieron lo ocurrido, se entriste-
cieron mucho y fueron a contarle a su señor todo lo que
había sucedido. Entonces el señor mandó llamar al siervo. "¡Siervo malvado!", le increpó. "Te perdoné toda aquella deuda porque me lo suplicaste. ¿No debías tú también
haberte compadecido de tu compañero, así como yo me
compadecí de ti?". Y, enojado, su señor lo entregó a los

carceleros para que lo torturaran hasta que pagara todo lo que debía. "Así también mi Padre celestial los tratará a ustedes, a menos que cada uno perdone de corazón a su hermano" (Mateo 18:31-35).

Si eso no trae convicción, no sé qué lo hará. Esta parábola es para mí un ejemplo muy concreto de cuánta gracia y misericordia inmerecida se me ha dado, y del hecho de que no estoy en posición de negarle el perdón a los demás. ¿Cree Dios en la justicia? Sí, menos mal, pero también nos llama a considerar la gracia. Simeón y Leví no lo hicieron.

¿Qué hay de Jacob en todo esto? Este libro trata de la vida de las hijas; entonces ¿qué hay de Dina y su padre? ¿Cómo es que Jacob se queda al margen de esta historia hasta *después* de que su hija es rescatada, y cuando vuelve lo hace de un modo abominable? En lugar de sentirse repugnado por el horror de lo que habían hecho sus hijos, la reacción de Jacob fue preocuparse por cómo la oleada de asesinatos lo afectaría *a él*. De tal madre, tal hijo.

Entonces Jacob les dijo a Simeón y Leví: "Me han provocado un problema muy serio. De ahora en adelante los cananeos y ferezeos, habitantes de este lugar, me van a odiar. Si ellos se unen contra mí y me atacan, me matarán a mí y a toda mi familia, pues cuento con muy pocos hombres". Pero ellos replicaron: "¿Acaso podíamos dejar que él tratara a nuestra hermana como a una prostituta?" (Génesis 34:30-31).

Jacob tenía cierta razón al decir que Simeón y Leví habían puesto a toda la familia en riesgo. Ellos aún no eran una nación poderosa. No tenían ninguna posibilidad ante las fuerzas combinadas de los pueblos cananeos, si se unían para borrar a Jacob y su familia del mapa de Medio Oriente y de la historia. Pero este Jacob ya estaba cansado de tener que huir. Había tenido que escapar de Canaán una vez, y se había fugado de Siria porque su suegro, Labán, le pisaba los talones. *Quizás por una vez*, Jacob puede haber pensado, ¿podría quedarme en un lugar sin tener que huir de gente que intenta matarme? Pero era hora de partir al lugar que Dios ya le había encomendado a Jacob establecerse con su familia. Tras la violación de su hija y una masacre infame por parte de sus hijos, Jacob se encontraba de nuevo en movimiento.

Dios le dijo a Jacob: "Ponte en marcha, y vete a vivir a Betel. Erige allí un altar al Dios que se te apareció cuando escapabas de tu hermano Esaú". Entonces Jacob dijo a su familia y a quienes lo acompañaban: "Desháganse de todos los dioses extraños que tengan con ustedes, purifíquense y cámbiense de ropa. Vámonos a Betel. Allí construiré un altar al Dios que me socorrió cuando estaba yo en peligro, y que me ha acompañado en mi camino". Así que le entregaron a Jacob todos los dioses extraños que tenían, junto con los aretes que llevaban en las orejas, y Jacob los enterró a la sombra de la encina que estaba cerca de Siquén (Génesis 35:1-4).

Parece ser que finalmente Jacob se despertó. Estaba dispuesto a ir donde Dios lo guiara, y a honrarlo de verdad. Le ordenó a su familia deshacerse de sus falsos dioses ¿Cómo es que eso se había vuelto aceptable? Jacob sabía que estaba mal y en total conflicto con el pacto de Dios con Abraham, un pacto que alcanzaba a sus descendientes. ¡Qué apropiado fue que todos los ídolos fueran enterrados y dejados en Siquén!

Jacob no se olvidaría lo que hicieron sus hijos. En sus palabras finales a su familia, el patriarca dejó en claro que habría consecuencias.

Jacob llamó a sus hijos y les dijo: "Reúnanse, que voy a declararles lo que les va a suceder en el futuro: 'Hijos de Jacob: acérquense y escuchen; presten atención a su padre Israel...

Simeón y Leví son chacales; sus espadas son instrumentos de violencia. ¡No quiero participar de sus reuniones, ni arriesgar mi honor en sus asambleas! En su furor mataron hombres, y por capricho mutilaron toros. ¡Malditas sean la violencia de su enojo y la crueldad de su furor! Los dispersaré en el país de Jacob, los desparramaré en la tierra de Israel'" (Génesis 49:1-2, 5-7).

¡Auch! En su último aliento, Jacob aún estaba reprendiendo a sus hijos. *No quiero tener nada que ver con estos dos.* Jacob proclamó que Simeón y Leví serían dispersados y desparramados, a diferencia de las familias de sus otros hijos, que crecerían y prosperarían juntos.

¿Qué sucedió finalmente con ellos dos? Cuando Moisés estaba en su lecho de muerte bendiciendo a las tribus, dejó afuera a Simeón (Deuteronomio 33). Josué 19 nos dice que con el tiempo sus descendientes recibieron territorios, pero fueron tierras *dentro* del territorio de Judá. La tribu de Simeón continuó reduciéndose y básicamente fueron incorporados a la tribu de Judá. Los descendientes de Leví no recibieron tierras propias (Josué 18:7) y finalmente tuvieron que ir a pedirle al sacerdote Eleazar un lugar donde vivir. Los israelitas con el tiempo accedieron a dejarlos ocupar algunas ciudades, pero estas se ubicaban a través de toda la nación; *dispersas.*

En Josué 21:21 leemos que una de las ciudades en la que los levitas pueden establecerse es Siquén, donde comenzó toda esta tragedia. La justicia desproporcionada y por mano propia tuvo un costo para ellos y sus familias por generaciones.

El mayor protector de una hija

La Biblia no nos deja ver el diálogo interno de Dina o sus sentimientos acerca de todo esto. Sí, ella es central en la historia, pero parece que los puntos de foco son otros temas: alejarse de lo que Dios le encomendó hacer a Jacob, las malas acciones de un hombre que no está en comunión con Dios, y la mentira y la reacción desmesuradas de dos hombres que sí lo estaban. Dina era una mujer joven, traumatizada y atrapada en medio de una disputa horrible que se transformó en una masacre. Vemos a un padre que parece desconectado y ambivalente cuando se trata de su hija, en los momentos que ella más lo necesitaba. Jacob era un padre imperfecto. Sin embargo, Dios honró el pacto que tenía con Abraham y lo usó a pesar de sus incompetencias.

Es parte de la naturaleza humana imponer a nuestro Padre celestial las experiencias que como hijas tenemos con nuestros padres terrenales. Todos tenemos carencias, tanto en rol de padres como en rol de hijos. Por eso, es importante que constantemente volvamos a enfocar nuestra relación como hijas de Dios en las verdades inquebrantables de su persona. Cuando otros abandonan, Él siempre está presente (Proverbios 15:3). Cuando otros condenan, Él está lleno de compasión (Salmos 86:15). Cuando otros descuidan, Él está tan atento que conoce cada cabello en nuestra cabeza (Lucas

12:7). Cuando otros lastiman, Él es nuestro Sanador (Salmos 147:3). Cuando a otros les falta interés, Él está listo para oír acerca de nuestros temores y a cambio regalarnos paz (Filipenses 4:6-7).

Señor, concédenos la valentía de Dina. Ayúdanos a crear en nuestra familia una cultura que honre y respete a las mujeres. Si tenemos hijas, muéstranos cómo asegurarnos de que cada día se sepan valiosas. Si alguna vez dudamos de nuestro propio valor, recuérdanos lo infinitamente preciadas que somos para ti, sin importar lo que hayamos sufrido en el pasado. Padre celestial, refresca en nuestra mente tu amor redentor y tu gracia infinita. Por favor, sana nuestras heridas más profundas, concédenos el coraje para perdonar, y muéstranos cómo ser agentes de sanidad para otros.

Preguntas de estudio sobre Dina

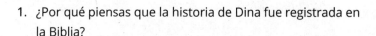

1. ¿Por qué piensas que la historia de Dina fue registrada en la Biblia?

2. ¿Cómo deberíamos tratar a las víctimas de delitos sexuales en el ministerio de la iglesia actual? ¿Alguna vez tú o algún ser querido han experimentado abuso? Si es así, ¿todavía lidias con el trauma? ¿Qué recursos te han sido más útiles? ¿Qué desearías que la iglesia comprendiera acerca de ayudar en las consecuencias de una violación sexual?

3. ¿Qué sabemos acerca de la clase de padre que era Jacob, tanto para sus hijos como para sus hijas?

4. ¿Cómo veían Siquén y su familia a Dina? ¿Cuál creían que era su valor? (Génesis 34:11-12).

5. ¿Simeón y Leví estaban justificados para engañar a Siquén y su familia? ¿Qué vemos en su decisión de usar el pacto que había hecho Dios con su pueblo: la circuncisión?

6. ¿Qué nos dice claramente Jesús acerca del concepto de la misericordia en Mateo 18?

7. ¿Cuáles fueron las consecuencias a largo plazo de los actos de Simeón y Leví, para ellos y sus descendientes? (Génesis 49:1-2, 5-7; Josué 18:7, 21:21).

8. ¿Cómo afecta la relación con nuestro padre terrenal nuestra visión sobre nuestro Padre celestial? Si nuestro pa-

dre terrenal no fue ideal, ¿qué verdades nos dicen las Escrituras acerca de Dios y de cómo ve a sus hijas? (Proverbios 15:3; Salmos 86:15; Lucas 12:7; Salmos 147:3; Filipenses 4:6-7).

Ester

(LIBRO DE ESTER)

La princesa que guardaba un secreto

El libro de Ester es distinto a cualquier otro en la Biblia. Es una historia de vida tan cautivante como un cuento de hadas: la hazaña de una campesina común y corriente, llevada a un palacio a ganarse el corazón del rey. La historia no es así de simple e implica todo tipo de macabras conspiraciones políticas y personales, así como ideas muy distintas a las nuestras sobre el matrimonio. Ester es una historia de amor. También se trata sobre la trama del palacio, y el rescate milagroso del pueblo de Dios. Pero lo que subyace a todo esto es que es una historia que trata, primordialmente, de la familia: la familia de Ester.

Por contraste, el primer relato del libro es sobre una familia que se desmorona. Jerjes, rey de Persia, expulsó a su esposa y reina, Vasti, por negarse a obedecer sus órdenes. Luego de eso comenzó la búsqueda de una nueva reina.

Después de establecer el contexto, el libro nos presenta a los verdaderos héroes de la historia: Ester y Mardoqueo.

En la ciudadela de Susa vivía un judío de la tribu de Benjamín, llamado Mardoqueo hijo de Yaír, hijo de Simí, hijo de

Quis, uno de los capturados en Jerusalén y llevados al exilio cuando Nabucodonosor, rey de Babilonia, se llevó cautivo a Jeconías, rey de Judá. Mardoqueo tenía una prima llamada Jadasá. Esta joven, conocida también como Ester, a quien había criado porque era huérfana de padre y madre, tenía una figura atractiva y era muy hermosa. Al morir sus padres, Mardoqueo la adoptó como su hija.

Cuando se proclamaron el edicto y la orden del rey, muchas jóvenes fueron reunidas en la ciudadela de Susa y puestas al cuidado de Jegay. Ester también fue llevada al palacio del rey y confiada a Jegay, quien estaba a cargo del harén. La joven agradó a Jegay y se ganó su simpatía. Por eso él se apresuró a darle el tratamiento de belleza y los alimentos especiales. Le asignó las siete doncellas más distinguidas del palacio y la trasladó con sus doncellas al mejor lugar del harén.

Ester no reveló su nacionalidad ni sus antecedentes familiares, porque Mardoqueo se lo había prohibido. Este se paseaba diariamente frente al patio del harén para saber cómo le iba a Ester y cómo la trataban (Ester 2:5-11).

Ester y Mardoqueo en realidad no eran padre e hija. Tenían un vínculo de sangre, pero posiblemente solo a la distancia. Ella es descrita como su "prima", a quien él había "adoptado como su hija", porque su padre y madre habían muerto (Ester 2:7). Así que de inmediato aprendemos que Mardoqueo era un hombre bondadoso que vio a una niña vulnerable en necesidad y actuó al respecto. La Biblia nos habla repetidas veces del valor de la "familia encontrada", la idea de que las personas que no tienen un vínculo de sangre aún pueden formar lazos profundos de cuidado y comunidad. El libro de Ester nos muestra la riqueza y bendición que puede venir de ese tipo de familia. En la Biblia, las familias por elección nunca son menos importantes. Rut y Noemí son igual de familiares que Jocabed y Miriam. Y estas "familias encontradas", son un modelo importante del amor y la gracia de Dios en la adopción de sus hijos, y nuestra propia elección de ser fieles a Él.

La adopción es algo por lo que estamos eternamente agradecidos en mi familia. Mi madre fue adoptada al final de la Segunda Guerra Mundial, allá por la década de 1940. Cualesquiera que fueran las circunstancias de su nacimiento, ella fue bienvenida en una familia de amor. Mis abuelos dedicaron su vida entera a sus dos hijas, ambas adoptadas, y crearon un espacio seguro. Yo pasé gran parte de mi infancia con ellos. Allí es donde yo me sentía más segura y amada, mientras veía el show de televisión *The Price is Right* [El precio justo] y comía queso *cottage* y maní sin sal cuando estaba "enferma" y no podía ir a la escuela. Si mi madre hubiera llegado treinta años después, quién sabe qué habría elegido su madre biológica. Cada año, millones de mujeres en Estados Unidos enfrentan un embarazo no planeado. ¡Cuán sobrepasadas y asustadas deben estar muchas de ellas, preguntándose si es posible juntar el apoyo emocional y los recursos económicos que se necesitan para criar a un hijo! Muchas veces me he preguntado cuál fue la situación de mi abuela biológica. ¿Estaba en problemas? ¿Asustada? ¿Abrumada? De cualquier modo, agradezco que haya tomado lo que debe haber sido una decisión tan dolorosa: dar a luz a su hija y luego entregarla a otra persona. Esa decisión abnegada dio lugar a la familia que hoy atesoro. ¡Casualmente mi mejor amiga también es adoptada! Es una bendición ver que muchas de mis amigas han expandido sus familias acogiendo niños en necesidad en distintas etapas de su vida; tal como hizo Mardoqueo con Ester.

En el final del último versículo citado, encontramos dos hechos que nos dejan ver la relación entre ellos dos. Mardoqueo le prohibió a Ester que revelara que era judía, y también se paseaba junto al harén del rey para ver cómo le estaba yendo. ¿Qué padre entre nosotros no puede identificarse con la vigilancia de Mardoqueo? Caminar de un lado a otro esperando para saber cómo le ha ido a un ser querido es claramente una experiencia universal. Con este pequeño fragmento de la historia vemos cómo Mardoqueo cumplió el rol de padre para Ester, y cuán profundo era su interés por ella. Aquellas de nosotras que tenemos padres que nos amaron y acompañaron al crecer, sabemos lo que es ser acogida por esa clase de protección y cuidado. ¿Ester podía mirar por la ventana y ver a Mardoqueo custodiando fielmente? De seguro su presencia la habría reafirmado y fortalecido.

En estos pasajes vemos dos aspectos importantes de una relación de padre e hija: la protección de un padre y la confianza de una hija. La Biblia nos dice, en términos fuertes, que Mardoqueo le había "prohibido" a Ester revelar quién era (Ester 2:10). Por alguna razón él percibió o bien un peligro o una desventaja en la revelación de esa información, y dejó en claro que Ester no debía divulgarla. Sin importar lo que Ester pensara de eso, no dudó en seguir la guía de Mardoqueo. Las Escrituras nos dicen que ella ocultó su trasfondo específicamente porque él se lo había pedido. Ella confió en él por completo. Su obediencia era fruto de su confianza. Ambos son ejemplo de los atributos del amor mutuo y el respeto.

También vemos que la obediencia de Ester no era algo aislado. Era un hábito que había mantenido toda su vida:

Ester, por su parte, continuó guardando en secreto sus antecedentes familiares y su nacionalidad, tal como Mardoqueo le había ordenado, ya que seguía cumpliendo las instrucciones de Mardoqueo como cuando estaba bajo su cuidado (Ester 2:20).

Su obediencia a las instrucciones de Mardoqueo se ubica en contraste extremo con el inicio de esta historia –con la desobediencia de la reina Vasti.

En este punto del relato los caminos de Mardoqueo y Ester se bifurcaron, y cada uno tuvo sus aventuras por separado. Ella continuó disfrutando del éxito en el juego de alto riesgo para convertirse en la próxima reina, avanzando nivel por nivel hasta que finalmente el rey se sintió más atraído por ella que por cualquier otra. Mientras tanto, sin que Ester supiera, Mardoqueo se topó con un plan para asesinar al rey. De hecho, parecía ser indirectamente gracias a ella que descubrió este complot, porque sucedió mientras él se encontraba sentado en las puertas del palacio esperando noticias de su hija.

Así que mientras las dos tramas comienzan a seguir caminos separados desde aquí, la Biblia enfatiza cuánto de eso surge de la relación de padre e hija. Mardoqueo estaba en el lugar justo para descubrir el complot debido a su vigilia por Ester, mientras que ella continuó disfrutando del éxito gracias a que escondía su identidad, tal como Mardoqueo le había instruido. Además, la Biblia señala que no solo seguía las instrucciones porque le parecían sabias, o porque Mardoqueo la haya persuadido de hacerlo, sino porque la obediencia había sido un hábito para ella desde que era niña: "porque Ester hacía lo que decía Mardoqueo, como cuando él la educaba" (Ester 2:20 RVR60). La confianza y el respeto que él se había ganado en su niñez la guiaban a ella a un lugar de seguridad y destino divino.

A menudo es incómodo como padre establecer reglas claras, y para los niños puede ser irritante seguir directrices cuando no ven el propósito de la instrucción. Mi yo de seis años siempre se encontraba intentando discutir con mi mamá, aunque ella claramente era más sabia. ¡Yo no sabía cuánto no sabía! ¿Cuántas veces en mi adultez le he agradecido por ser "la mamá más mala del mundo"? Ya perdí la cuenta. Si bien es posible que me haya ceñido a las reglas meramente por obediencia, a regañadientes, cuanto más envejezco, más valoro los límites que ella estableció para protegerme. Como todos los padres, es posible que Mardoqueo se equivocara a veces, especialmente porque tuvo que aprender el trabajo con su hija adoptiva. Pero todas las veces que hizo lo correcto sirvieron como ladrillos de confianza para las bases de su relación con Ester. Eso fue lo que ella conservó, y su confianza y obediencia terminaron no solo salvándole la vida a ella, sino también a cada judío en el imperio persa.

La vida de Ester en peligro

Ester había sido elegida para ser reina, pero como pronto descubriría, eso no le garantizaría una existencia de lujo y comodidades. Su principal fuente de problemas era el consejero de confianza del rey, Amán, quien complicaría más las cosas. Amán tenía un desprecio particular por Mardoqueo, quien se negaba a inclinarse y humillarse ante él, como al parecer estaban dispuestos a hacer todos los demás en el reino.

Para entender las raíces más profundas del conflicto desatado entre Mardoqueo y Amán, echemos un vistazo un poco más atrás. Amán era amalecita (o agagueo), un pueblo al que

Dios había encomendado a los israelitas que eliminaran por completo. Luego de que los israelitas terminasen de escapar por el Mar Rojo en su éxodo épico de Egipto, los amalecitas los atacaron, sin que hubieran hecho nada para provocarlos.

Entonces el Señor le dijo a Moisés: "Pon esto por escrito en un rollo de cuero, para que se recuerde, y que lo oiga bien Josué: Yo borraré por completo, bajo el cielo, todo rastro de los amalecitas". Moisés edificó un altar y lo llamó "El Señor es mi estandarte". Y exclamó: "¡Echa mano al estandarte del Señor! ¡La guerra del Señor contra Amalec será de generación en generación!" (Éxodo 17:14-16).

Más de una vez Dios les recordó a los israelitas tomar nota.

Recuerda lo que te hicieron los amalecitas después de que saliste de Egipto: cuando estabas cansado y fatigado, salieron a tu encuentro y atacaron por la espalda a todos los rezagados. ¡No tuvieron temor de Dios! Por eso, cuando el Señor tu Dios te dé la victoria sobre todas las naciones enemigas que rodean la tierra que él te da como herencia, borrarás para siempre el recuerdo de los descendientes de Amalec. ¡No lo olvides! (Deuteronomio 25:17-19).

Así que ve y ataca a los amalecitas ahora mismo. Destruye por completo todo lo que les pertenezca; no les tengas compasión (1 Samuel 15:3).

Pero el rey Saúl no siguió las órdenes claras de Dios.

A Agag, rey de Amalec, lo capturó vivo, pero a todos los habitantes los mató a filo de espada. Además de perdonarle la vida al rey Agag, Saúl y su ejército preservaron las mejores ovejas y vacas, los terneros más gordos y, en fin, todo lo que era de valor. Nada de esto quisieron destruir; solo destruyeron lo que era inútil y lo que no servía. La palabra del Señor vino a Samuel: "Me arrepiento de haber hecho rey a Saúl, pues se ha apartado de mí y no ha llevado a cabo mis instrucciones". Tanto se alteró Samuel que pasó la noche clamando al Señor (1 Samuel 15: 8-11).

Auch. La decepción a corto plazo del Señor no fue lo único que tuvo que enfrentar Saúl. Como vemos en la historia de Ester, el hecho de no hacer lo que Dios había ordenado a los israelitas significó que se mantuvo una amenaza muy real y luego se multiplicó. Aunque Agag finalmente fue asesinado por el profeta Samuel, está claro que un remanente de su linaje permaneció; y Amán era un descendiente suyo, un agagueo. Sumemos el hecho de que se cree que Mardoqueo y Ester eran de la familia de Saúl y puedes palpitar el enfrentamiento catastrófico.

Es en este contexto que vemos el desprecio absoluto de Amán por Mardoqueo y la inequívoca negación de Mardoqueo a inclinarse ante Amán, como se ordenó. Aquí es donde comienza la verdadera trama de la historia.

Cuando Amán se dio cuenta de que Mardoqueo no se arrodillaba ante él ni le rendía homenaje, se enfureció. Y, cuando le informaron a qué pueblo pertenecía Mardoqueo, desechó la idea de matarlo solo a él y buscó la manera de exterminar a todo el pueblo de Mardoqueo, es decir, a los judíos que vivían por todo el reino de Asuero (Ester 3:5-6).

En este punto en la historia, Persia era el hogar de cientos de judíos que habían sido llevados cautivos tras la destrucción del templo. Con los años, muchos de ellos se acostumbraron a la cultura y, aunque eventualmente se les dio libertad para volver a su tierra natal, decidieron quedarse. En Persia se encontraron como residentes de un imperio grande y cosmopolita con muchas oportunidades de progreso, valoración por la educación y el aprendizaje, y una alta tolerancia hacia los grupos minoritarios. La familia de Ester y Mardoqueo era una de las que aparentemente habían encontrado prosperidad e integración en Persia. El texto nos dice que el nombre hebreo de Ester era Jadasá, pero el hecho de que se hiciera llamar Ester nos muestra que se trataba de una joven que se había criado tanto persa como judía.

A pesar de su integración en la sociedad persa, estaba claro que Amán tenía un odio persistente por el pueblo judío; junto con un plan para acabar con ellos. Para hacerlo, planeaba usar su puesto y la autoridad del rey.

Entonces Amán le dijo al rey Asuero: "Hay cierto pueblo disperso y diseminado entre los pueblos de todas las provincias del reino, cuyas leyes y costumbres son diferentes de las de todos los demás. ¡No obedecen las leyes del reino, y a Su Majestad no le conviene tolerarlos! Si le parece bien, emita Su Majestad un decreto para aniquilarlos, y yo depositaré en manos de los administradores trescientos treinta mil kilos de plata para el tesoro real". Entonces el rey se quitó el anillo que llevaba su sello y se lo dio a Amán hijo de Hamedata, descendiente de Agag y enemigo de los judíos. "Quédate con el dinero", le dijo el rey a Amán, "y haz con ese pueblo lo que mejor te parezca" (Ester 3:8-11).

Al convencer al rey de que los judíos eran una amenaza para su gobierno, Amán se aseguró el respaldo total de

Asuero para acabar con ellos. ¡Qué plan tan diabólico! Sin embargo, Dios estaba muy al tanto de los planes de Amán, y gracias a la obediencia de Ester a la guía protectora de Mardoqueo, ella se encontraba ubicada perfectamente en el centro del plan de rescate de Dios.

Yo fui afortunada de tener esencialmente dos "padres" en mi vida. El segundo fue mi padrastro, Jasper. De niña, recuerdo estar ansiosa por dominar la habilidad de andar en bicicleta como los otros niños de mi vecindario, ¡y deshacerme de las ruedas de entrenamiento! Asumí que era tan fácil como lo hacían parecer los niños grandes, pero descubrí muy rápido que conllevaba una curva de aprendizaje empinada. Jasper fue quien se tomó el tiempo de correr junto a mí de un lado al otro de la cuadra, una y otra vez de manera que yo pudiera encontrar el equilibrio para estabilizarme y despegar por mi cuenta. Fue una tarea mucho más difícil (y menos divertida) de lo yo creía. Después de muchos intentos fallidos y lastimaduras, puse las manos sobre mis caderas, miré de frente a Jasper y le dije: "¡Intentas matarme!". Por supuesto que eso no era cierto, y él conocía cuánto yo deseaba descifrar esto. Él no tenía pensado permitirme renunciar, sentarme a un costado de la acera mientras los otros niños pasaban a toda marcha por la calle. Tampoco me iba a dejar sola, decidida a subirme a esa bicicleta; y posiblemente chocando contra el tráfico. Así que Jasper se quedó conmigo. Me guio y me hizo mantenerme en marcha. Ese es el corazón protector de un padre, y la dedicación que vemos de Mardoqueo.

Ester se dio cuenta de la amenaza cuando Mardoqueo cubrió sus vestiduras con cilicio y cenizas —el atuendo tradicional de luto— y se sentó a las puertas del palacio del rey. Es justo decir que esto puso a la reina en una posición incómoda. Ir vestido con cilicio y andar quejándose en las puertas del palacio podría haber sido considerada una forma legal de protesta. En realidad, el cilicio estaba prohibido dentro del mismo palacio, porque pasando las puertas solo se aceptaba esplendor y lujo. Quizás es por eso que Ester no sabía sobre el decreto que había sido establecido con la bendición oficial del rey Asuero: orden de matar, destruir y aniquilar a cada uno de los judíos; jóvenes y ancianos, mujeres y niños inclusive. Y como si fuera poco, los atacantes también tenían libertad de saquear todas las posesiones del pueblo judío.

Mardoqueo le envió a Ester una copia del edicto de asesinato, y le pidió que diese un paso al frente y arriesgase todo para intentar detener la masacre; que se presentara ante el rey. Ella debe haber quedado pasmada y horrorizada con las noticias, pero también hizo una pausa para recordarle a Mardoqueo (ya sabes, por si acaso se había olvidado), que presentarse ante el rey sin ser convocada la expondría a ser ejecutada en el acto. Esa clase de desobediencia no era tolerada en la corte persa, que estaba altamente ritualizada, y era un riesgo que Ester no estaba dispuesta a asumir... al menos no todavía.

Uno de los temas más importantes que aborda el libro de Ester es la idea de la obediencia. Muy al comienzo, leemos que Ester fue criada para ser una hija obediente. Mardoqueo quería para su hija lo que todo padre quiere para sus hijos: un respeto sano por la autoridad, con la esperanza de que eso los mantenga a salvo. La deferencia de Ester hacia su padre generó una adulta cuyo instinto era obedecer y confiar en la autoridad. ¿Entonces qué debía hacer cuando la primera persona que le enseñó obediencia —su padre adoptivo— le pedía que desobedeciera a su esposo, el rey? No nos olvidemos cómo eso resultó para Vasti.

Mardoqueo no dejó espacio para dudas. Sus instrucciones fueron claras. Ester no solo tenía un deber para con él, sino también para con la comunidad entera. ¿Pero no debía también obedecer a su rey y esposo? Por primera vez en su resguardada vida, experimentó un conflicto profundo de responsabilidad. No solo se veía obligada a obedecer a su padre, sino también a respetar a su esposo. ¿Cómo haría para discernir el camino a elegir? Sus mundos colisionaban: el que le habían advertido que ocultara y el que la convertía en la mujer más célebre y reverenciada del reino.

Mientras luchaba por resolver su creciente conflicto interno, la respuesta de Mardoqueo a Ester fue devastadora:

> Cuando Mardoqueo se enteró de lo que había dicho Ester, mandó a decirle: "No te imagines que por estar en la casa del rey serás la única que escape con vida de entre todos los judíos. Si ahora te quedas absolutamente callada, de otra parte vendrán el alivio y la liberación para los judíos, pero tú y la familia de tu padre perecerán. ¿Quién sabe si no has llegado al trono precisamente para un momento como este!" (Ester 4:12-14).

Comenzó con una crítica directa y punzante. *Oh, ¿crees que de algún modo tú vas a estar a salvo? ¿Tu vida es más importante para ti que el futuro de tu propio pueblo?* La confrontó con sus primeros instintos de cobardía y egoísmo. No la culpo, ¡me identifico con ella! Nacemos egoístas, estamos programados para preocuparnos principalmente por nuestra propia seguridad y comodidad. ¿Quién de nosotras en la situación de Ester hubiese pensado de forma diferente, al menos al principio?

Los padres tienen una capacidad única para darnos un baldazo de realidad cuando más lo necesitamos, y eso es lo que hizo Mardoqueo en este caso. Le pidió a Ester que se viera a sí misma en el contexto más amplio de la historia, que imaginara su papel fundamental en la historia del pueblo de Dios. Sus altas expectativas para su hija la llamaron a recordar quién era y a aceptar el serio desafío que Dios le había puesto por delante.

En mi vida, mi padre Ed definitivamente no nos facilitaba las cosas. Pero se sensibilizaba mucho con la herencia familiar, y a menudo nos hacía repasar los nombres y las fechas de nuestros antepasados. Quería que apreciáramos el lugar de donde veníamos y que lo lleváramos con nosotros en la vida. Estaba orgulloso de nuestra herencia irlandesa (¿de dónde crees que viene mi nombre?) y de nuestras profundas raíces como floridanos de varias generaciones. Cuando yo era niña, también aprovechaba cualquier oportunidad para desviarse del camino hacia los barrios donde había vivido o trabajado como joven policía. Mi hermano Eddy y yo revoleábamos los ojos hacia arriba y decíamos: "¡Otro viaje al pasado no!". Pero a medida que fuimos creciendo llegamos a entender y apreciar lo que mi padre estaba haciendo. Quería recordarnos nuestras raíces, para mantenernos anclados a las cosas que importan, donde fuera que la vida nos llevara. Mardoqueo hizo lo mismo con Ester, al recordarle quién era realmente y cómo eso la preparaba para hacer algo extraordinario.

Y al igual que Mardoqueo, mi padre nunca quiso que nos durmiéramos en los laureles. Recuerdo perfectamente la mañana después de haber quedado entre las diez mejores del concurso Miss América: me sentía emocionada por el logro, pero decepcionada por haber perdido. Estábamos sentados desayunando y charlando. Mi padre estaba orgulloso de mí, pero tampoco quería que me estancara en este primer gran hito de mi vida. Me dijo: "No dejes que esto sea lo más emocionante que te pase en la vida". En cierto modo puedo escuchar a Mardoqueo diciéndole algo similar a Ester. *Muy bien, ganaste un concurso de belleza. Ahora tenemos una tarea mucho más grande, así que... ¡ponte en marcha!*

Ante el regaño de Mardoqueo, Ester se puso a la altura de las circunstancias:

Ester le envió a Mardoqueo esta respuesta: "Ve y reúne a todos los judíos que están en Susa, para que ayunen por mí. Durante tres días no coman ni beban, ni de día ni de noche. Yo, por mi parte, ayunaré con mis doncellas al igual que ustedes. Cuando cumpla con esto, me presentaré ante el rey, por más que vaya en contra de la ley. ¡Y, si perezco, que perezca!". Entonces Mardoqueo fue y cumplió con todas las instrucciones de Ester (Ester 4:15-17).

De repente, se vio obligada a recordar su verdadera identidad: su herencia judía, no su fama persa. Al principio de la historia, vimos que Ester era una joven con dos nombres: su nombre hebreo, Jadasá, y su nombre persa, Ester. Era su faceta persa la que se preocupaba tanto por las apariencias, por honrar a la autoridad civil por encima de todo, por lo que le pudiera pasar a ella en lo personal. Pero tan solo unas cuantas palabras acertadas de su padre adoptivo le recordaron quién (y qué) era en realidad.

Cuando menos, eso es lo que hace un padre. Lo que le preocupaba a Mardoqueo no era la seguridad temporal y terrenal de Ester, sino la tarea urgente que se le había asignado. Los buenos padres nos recuerdan que somos más que lo que consume nuestro día a día: las preocupaciones por el dinero, por nuestra carrera profesional y por nuestra reputación. La mejor clase de padre refleja nuestra relación con nuestro Padre celestial. Un padre nos exigirá más de lo que nosotras mismas creemos que tenemos para dar, y se alegrará con nosotras cuando descubramos que podemos hacer más de lo que pensábamos. ¡Al igual que Jasper y esa antigua bicicleta rosada que acabé dominando! Y sea que tu relación con tu padre terrenal sea buena o no, nunca dudes de que tu Padre celestial siempre te estará alentando.

No es casualidad que la relación de padre e hija de la Biblia que mejor refleja la belleza y la plenitud de nuestra relación paternal con Dios sea esta relación adoptiva entre Ester y Mardoqueo. No todos los padres e hijas están relacionados biológicamente, tal como nosotras estamos implantadas en nuestra relación espiritual con Dios. Pero Mardoqueo eligió a Ester, al igual que Dios nos eligió a nosotras. Él vio a esta niña vulnerable y huérfana y dijo: *"Yo cuidaré de ella"*. Sus humildes acciones terrenales reflejan las acciones celestiales de Dios, que se adentra en el mundo al elegirnos a nosotras. Dios podría habernos dado simplemente la vida, como hizo con los animales, los pájaros y los peces; pero ellos no son hijos e hijas de Dios. Él está divinamente comprometido con la vida de los creyentes. Dios ha abierto un camino para nosotras: primero al adoptar al pueblo de Israel como su propia familia, y luego al adoptarnos a todas nosotras como hijas mediante el sacrificio de Cristo.

Entonces, ¿qué hizo Ester una vez que Mardoqueo le recordó quién era realmente? Sus instrucciones fueron simples y claras:

> "Ve y reúne a todos los judíos que están en Susa, para que ayunen por mí. Durante tres días no coman ni beban, ni de día ni de noche. Yo, por mi parte, ayunaré con mis doncellas al igual que ustedes. Cuando cumpla con esto, me pre-

sentaré ante el rey, por más que vaya en contra de la ley. ¡Y, si perezco, que perezca!" (Ester 4:16).

Primero, reunió a la comunidad. No dijo: *"Denme algo de tiempo y espacio para descifrar esto por mi cuenta".* Ester sabía que puede surgir un gran poder cuando una comunidad se reúne y se congrega como pueblo de Dios. No solo eso: también sabía que, a un nivel humano, necesitaba fuerza y respaldo. Este principio nunca ha sido tan real para mí como en los primeros días de la pandemia, cuando la mayoría nos vimos impedidos de reunirnos físicamente en nuestros espacios de fe. Yo me deleitaba en los servicios de los domingos, sabiendo que por mucho que la semana me golpeara, al sentarme en esos bancos estaría a salvo y rodeada de gente con un mismo espíritu.

Mirar las reuniones desde casa no era lo mismo. Estaba agradecida de tener disponible esa alternativa, pero extrañaba mucho cantar juntos y compartir las cargas de un modo tangible. Nuestra Santa Cena, tal como era, consistía en galletas de agua y Gatorade. Cuando finalmente nos aventuramos a volver a la iglesia, en un evento en la carretera en Dallas, Texas, confesé lo que habíamos estado usando humildemente para conmemorar la cena del Señor. Una dulce miembro de la iglesia me aseguró que no estaba sola. "¡Cariño, yo usaba té dulce y galletitas saladas!", dijo. Me hizo ver que nunca habíamos estado solos (y también me hizo reír). Realmente teníamos una comunidad que superaba la ansiedad y el miedo juntos, y ahí es donde Ester acudió en su momento de mayor necesidad. Las Escrituras nos dicen que "donde dos o tres se reúnen en mi nombre, allí estoy yo en medio de ellos" (Mateo 18:20). El poder espiritual que deriva de la reunión de una comunidad —donde sea y como sea que nos encontremos en ese momento— puede potenciar exponencialmente nuestras oraciones individuales.

Segundo, Ester específicamente le pidió al pueblo que ayunara. ¡Esto puede ser un tema controversial! Hoy hay muchos cristianos para quienes el ayuno no es una práctica regular. Pero era crucial para la vida de los hijos de Dios en el Antiguo y Nuevo Testamento. El ayuno era una señal de arrepentimiento y humildad ante Dios, una forma de poner de manifiesto nuestra total dependencia de Él. Pero también era una manera de cultivar una concentración profunda. Cuando la comunidad cristiana de Antioquía estaba enviando a Bernabé y Pablo a su viaje misionero, unieron sus oraciones con ayuno:

> Mientras ayunaban y participaban en el culto al Señor, el Espíritu Santo dijo: "Apártenme ahora a Bernabé y a Saulo para el trabajo al que los he llamado". Así que después de ayunar, orar e imponerles las manos, los despidieron (Hechos 13:2-3).

En este pasaje vemos el ayuno no solo como un aspecto de la oración de súplica sino de la propia adoración. Jesús mismo nos llamó a ayunar (Mateo 17:21) y asumió que la pregunta no era *si* sus seguidores ayunarían, sino *cuándo* lo harían (Mateo 6:16). El ayuno continuó siendo parte de la tradición cristiana por cientos de años, concentrándose sobre todo en los días previos a las festividades de Navidad (en Adviento) y Pascua (en Cuaresma), pero también en otras ocasiones a lo largo del año. Al hacerlo en comunidad, ayunar era y es una herramienta espiritual especialmente poderosa, que Ester usó para su ventaja.

Abstenerse de comida no es una actividad santa por sí misma. Muchas personas se privan de comida por motivos de vanidad, salud o pobreza. Solo cuando el ayuno es dedicado a Dios de un modo intencional y significativo, y cuando el tiempo que hubiese sido invertido en comer se invierte, en cambio, en orar, es que el ayuno se vuelve poderoso. Nota cuando Ester dijo: "Yo, por mi parte, ayunaré con mis doncellas al igual que ustedes" (Ester 4:16). Ayunar no era algo que le pidió a la comunidad que hicieran por ella, sino junto a ella.

Para finalizar, observa la reacción de Mardoqueo ante la nueva valentía y sabiduría espiritual de su hija: "Entonces Mardoqueo fue y cumplió con todas las instrucciones de Ester" (Ester 4:17). Al principio de la historia, Ester obedeció a su padre de manera fiel, siguiendo todas sus directrices. Pero para el final de la historia, los puestos se invierten: Mardoqueo es quien sigue las directrices de Ester. En su mejor versión, los padres infunden confianza en sus hijas. Sí, la obediencia es clave antes de ser lo suficientemente mayores como para razonar las decisiones difíciles por nosotros mismos. Aunque, en definitiva, la meta es criar muchachas que conozcan la verdad, que reconozcan cuando Dios las ha puesto en un lugar para actuar, y enseñarles a encontrar el valor que necesitarán en ese momento. Ester tenía la sabiduría y el coraje para hacer frente a su desafío cuando este llegó.

El final feliz

Para Ester, todo pendía de un hilo. Se había comprometido a romper las reglas e ir a ver al rey una vez que concluyera el período de ayuno, y ahora era el momento de actuar. Se puso su vestidura real y se dirigió a la corte del rey. Estaba abandonada a su suerte, convencida de que se estaba encontrando de frente con su destino al dirigirse al rey.

Cuando vio a la reina Ester de pie en el patio, se mostró complacido con ella y le extendió el cetro de oro que tenía en la mano. Entonces Ester se acercó y tocó la punta del cetro (Ester 5:2).

Aquí comienza el final feliz del peligroso camino de Ester. Asuero no solo estaba complacido de verla, sino que además le dijo que pidiera lo que quisiera, "Aun cuando fuera la mitad del reino, te lo concedería" (Ester 5:3). Su predecesora, la reina Vasti, fue desterrada por el rey por falta de obediencia a sus órdenes. Presuntamente Ester fue elegida como su reemplazo, al menos en parte, porque no solo era bella, sino también joven y dócil. Al criarla, Mardoqueo le había enseñado el valor de la obediencia, lo que la hacía idónea para ser la compañera del rey. Pero toda su historia se centró en el momento en que Ester tuvo que ser desobediente. Tuvo que romper las reglas de la corte del rey. Parte de entender y abrazar la verdadera obediencia es saber cuándo desobedecer un mandato para cumplir con un llamado distinto y más grande.

Ester desobedeció de un modo espectacular, y eso dio fruto. El rey se alegró de recibirla (y a lo largo de la historia se da a entender que el rey estaba bastante cautivado por ella), y su vida le fue perdonada. Dada la oportunidad, ella no pidió ni siquiera una fracción del reino. No se trataba de ella, sino de su pueblo. Invitó al rey a un banquete junto con Amán. Asuero aceptó de inmediato la invitación, y cuando se presentó, nuevamente le preguntó a Ester qué podía hacer él por *ella*. ¡Fíjate cómo ahora el rey estaba ansioso por obedecerle a ella! Debía tener un aire de autoridad. El flechazo del rey por su novia se demuestra también en su deseo de concederle casi lo que sea que pudiera desear.

Ester los volvió a invitar a un banquete al día siguiente. ¿Estaba nerviosa, intentando ganar tiempo? La Biblia no lo dice, pero está claro que había tranquilizado a Amán con un sentimiento de profunda seguridad. Él salió de ese primer banquete "alegre y de buenos ánimos", pero se amargó rápidamente cuando vio que Mardoqueo se rehusaba a reconocerlo o mostrar temor en su presencia (Ester 5:9). Leemos que ardía de rabia. Se calmó reuniendo a sus amigos para presumir de su riqueza, su posición y de las dos invitaciones que había recibido de la reina. Cuando Amán descargó su disgusto por Mardoqueo, su esposa y sus amigos le aconsejaron que construyera una horca gigante y colgara al judío por la mañana.

Si has estudiado la historia de Ester, entonces conoces el maravilloso giro en la narración que viene a continuación. Mientras Amán soñaba con su vil plan, el rey Asuero no podía dormir. Pidió que le trajeran el libro de las memorias y crónicas reales y que se lo leyeran. Recordó allí que Mardoqueo había denunciado un complot para asesinarlo. Asuero preguntó qué distinción había recibido Mardoqueo por esto, y entonces supo que ninguna. Observa también que Mardoqueo nunca había demandado una recompensa o un reconocimiento. Tampoco había presentado una queja ante la guardia de palacio, ni había enviado una carta iracunda al servicio de atención al cliente persa. Si hubiese sido a la inversa, es seguro que Amán hubiese manejado la situación de manera muy diferente, ¡y tenemos pruebas!

Mientras que el rey comenzó a pensar una forma adecuada de agradecer al hombre que le había salvado la vida, Amán había entrado al predio del palacio. Se dirigía hacia el rey a pedirle permiso para matar al mismo hombre que él quería honrar: Mardoqueo. Cuando Asuero le pidió ideas para celebrar a alguien especial, Amán (¡por supuesto!) supuso que se trataba de él mismo, que era él la persona importante a punto de ser el centro de atención. Entonces, (¡por supuesto!) le propuso una muestra de aprecio elaborada y muy pública. Eso significó que Amán pasara todo el día asegurándose de que Mardoqueo fuese engalanado en una vestidura real, sobre uno de los caballos del rey mientras que él lo guiaba por las calles diciendo a la gente: "¡Así se trata al hombre a quien el rey desea honrar!" (Ester 6:9). Todo eso en lugar de, ya sabes, matarlo. ¡Cada vez que leo estos versículos quedo boquiabierta! Amán había pasado mucho tiempo indignado porque Mardoqueo no le rendía el respeto que exigía. Hay pocos giros en las historias de la Biblia más poéticos que este, y no estamos ni siquiera cerca de terminar.

Amán tuvo tiempo suficiente para retornar a su hogar y quejarse con su esposa de nuevo, antes de tener que volver para el segundo banquete con la reina Ester. Aquí es donde se pone realmente bueno. El rey preguntó otra vez qué podía hacer para hacer feliz a Ester. Ella respondió pidiéndole que le perdonara su vida y la de su pueblo. Imagina lo confundido que debió estar Asuero al principio. Preguntó quién podría haber ideado semejante plan, y este fue el momento de Ester. Ella señaló a Amán y lo denunció de inmediato. El rey estaba tan enojado que salió al jardín del palacio. Mientras Asuero no estaba, Amán comenzó a suplicar a Ester por su vida, y literalmente se dejó caer sobre el sofá donde ella estaba sentada cuando el rey volvió a entrar en la habitación.

El rey exclamó: "¡Y todavía se atreve este a violar a la reina en mi presencia y en mi casa!" (Ester 7:8).

Adivinaste: las cosas estaban por pasar de mal a peor para Amán. En ese mismo momento, uno de los servidores del rey abrió la boca: *Casualmente hay una estaca gigante en la casa de Amán que tenía preparada para Mardoqueo, ya sabe, aquel hombre que le salvó la vida.* La orden del rey fue rápida: úsenla para Amán. ¡Así nomás!

Debo creer que hubo momentos muy reales y concretos de temor extremo para Ester en toda esta historia. Sin embargo, ella había confiado en el consejo de Mardoqueo, honrándolo como hija obediente y valiente portadora de la verdad cuando más importaba. Ninguna película de éxito estaría completa sin una revelación épica, y Esther tuvo una.

Ese mismo día el rey Asuero le dio a la reina Ester las propiedades de Amán, el enemigo de los judíos. Mardoqueo se presentó ante el rey, porque Ester le había dicho cuál era su parentesco con ella. El rey se quitó el anillo con su sello, el cual había recuperado de Amán, y se lo obsequió a Mardoqueo. Ester, por su parte, lo designó administrador de las propiedades de Amán (Ester 8:1-2).

El rey estaba encantado con haber conocido finalmente a la familia de su esposa, e igualmente complacido de extender extravagantes honores a Mardoqueo. Para demostrarlo, le otorgó su máximo signo de aprobación, su anillo de sello, que antes había pertenecido a Amán. Ester ya no tuvo que preocuparse por cómo le iba a su padre adoptivo fuera de las puertas del palacio. Juntos, Ester y Mardoqueo abrieron paso a la liberación de Dios para su pueblo.

Si bien ningún decreto real podía ser deshecho, Asuero le permitió a Mardoqueo redactar otro edicto real. Elaboró uno que no solo otorgaba al pueblo judío el derecho a reunirse y defenderse, sino que también les permitía "aniquilar" a cualquiera que viniera contra ellos y tomar las posesiones de los atacantes como propias. Los mensajeros montaron "veloces corceles de las caballerizas reales" (Ester 8:10), y se dispersaron para asegurarse que este segundo decreto llegara hasta el último rincón del imperio persa. La represalia contra la familia de Amán y contra todos los que se habían preparado para asesinar a los judíos fue total. Dios no toleraba a los que conspiraban contra su pueblo.

Al final, Mardoqueo y Ester permanecieron unidos, orgullosos de ser una familia. Una y otra vez, el libro de Ester nos ofrece reflexiones sobre nuestra propia vida y nuestra familia. Hemos visto cómo Mardoqueo nos ofrece el ideal de un padre terrenal en el cuidado y protección de su hija. También hemos visto cómo al elegir acogerla, Mardoqueo nos remite a nuestro Padre celestial, que ha escogido adoptarnos. Para el final, él nos vuelve a apuntar al cielo una vez más. Cuando Mardoqueo y Ester se reúnen alegremente ante el trono del rey, juntos por fin, vemos el verdadero propósito y objetivo de la vida familiar: el encuentro ante ese otro trono más grande en el cielo, donde nuestras familias un día serán verdaderamente plenas al fin, como fueron creadas para serlo.

El libro de Ester luego explica cómo todos estos sucesos son el origen de la fiesta del Purim, hoy celebrado por las comunidades judías en todo el mundo. La atmósfera de carnaval del Purim es distinta a cualquier otra festividad judía. En ella hay muy poca solemnidad, y nada de tristeza. Todo es alegría. La lectura del libro de Ester en las sinagogas hoy es la parte central de esta fiesta. Las congregaciones exclaman: "¡Bendito sea Mardoqueo!" y "¡Maldito sea Amán!" en los momentos apropiados de la historia, y a menudo hay representaciones y obras de teatro que cuentan la historia de Ester, con disfraces y carnavales para los niños. El Purim es puro gozo sin concesiones, porque significa la supervivencia del pueblo judío no solo a la amenaza de Amán, sino también a la de todos los amanes que a lo largo de los siglos han tratado de destruir al pueblo de Dios. El último versículo de Ester nos da un vistazo final al carácter de Mardoqueo. No se limitó a presumir ni a holgazanear por el resto de su mandato como consejero de mayor confianza del rey.

[Él] procuraba el bien de su pueblo y promovía su bienestar (Ester 10:3).

Esa posibilidad y compromiso surgieron a partir de una simple familia: un padre y su hija, que siempre se cuidaron las espaldas el uno al otro. Tal como el amor y el cuidado mutuo de Jocabed y Miriam propiciaron la liberación de su pueblo, el amor de Ester y Mardoqueo salvó a los judíos de la destrucción. Dios cumplió sus promesas para con su pueblo a través de padres e hijos terrenales comprometidos con la fidelidad, mucho antes de conocer el glorioso resultado final.

Señor Dios, danos tu gozo. Sabemos que nuestras familias y relaciones no siempre son perfectas. Que la devoción mutua de Ester y Mardoqueo nos inspire a apreciar a nuestros seres queridos, en especial cuando la vida se pone difícil. Que siempre podamos escuchar tu palabra hablándonos, aun cuando nuestros miedos entorpecen nuestra capacidad de oír. Danos la audacia de Ester y la fidelidad de Mardoqueo. Ayúdanos a abrir nuestros brazos a tu amor y al amor de nuestra familia.

Preguntas de estudio sobre Ester

1. ¿De qué manera la historia de Ester es ejemplo de la importancia de la familia ante la ausencia de padres biológicos?

2. ¿Por qué le dijo Mardoqueo a Ester que ocultara su identidad al principio de la historia? (Ester 2:20). ¿Está bien aconsejar a las personas bajo nuestro cuidado que no digan toda la verdad?

3. ¿Qué nos dice la historia de Ester sobre el impacto a largo plazo de no obedecer los mandatos de Dios? (1 Samuel 15; Ester 3:5-6).

4. ¿Por qué es importante que digamos la verdad a los que amamos? (Ester 4:8-17). ¿Qué tan difícil puede ser esto dentro de una familia?

5. ¿Qué tan importante es una comunidad de fe cuando te enfrentas con una decisión difícil o un desafío doloroso? (Ester 4:16; Mateo 18:20). ¿Cuál es el rol del ayuno y la oración?

6. ¿La historia de Ester te da la certeza de que Dios te está colocando perfectamente donde Él te necesita como parte de su plan perfecto? ¿Cómo puedes enfrentarte al miedo y la duda cuando el enemigo intenta decirte lo contrario?

Mical

(1 SAMUEL 15-16, 1 SAMUEL 18:20-28, 1 SAMUEL 19:10-17,

2 SAMUEL 3:2-16, 1 SAMUEL 31:1-6, 2 SAMUEL 6:1-23)

Mical, la hija de Saúl

Cuando se trata del matrimonio, no solo estás adquiriendo un cónyuge; adquieres una familia. Soy muy afortunada porque cuando me casé con el clan Bream obtuve docenas de nuevos familiares políticos que, básicamente, son un sueño hecho realidad. No hay saboteos ni conspiraciones de los familiares para perturbar mi matrimonio. Es una familia llena de fe, comida deliciosa y aventuras. Se alientan los unos a los otros y me hacen sentir como si siempre hubiese sido parte de su unida y devota familia. Ahora imagina totalmente la situación opuesta, y allí es donde comenzamos con la historia de Saúl, su hija Mical y su esposo, David. En realidad, debería reconfortarnos la frecuencia con la que la Biblia destaca familias (e individuos) con problemas y la habilidad de Dios para llevar a cabo sus planes a pesar de sus defectos y pecados.

Esta familia tenía tanto drama y suspenso como un episodio de la serie *Downtown Abbey*. Mical era una mujer que se encontró a sí misma entre dos reyes, en medio de una terrible disputa familiar entre su padre, el rey Saúl, y su amado esposo, David. Esta hija no solo escogió no participar en el pecado de su padre, sino que también socavó sus planes perversos. Mical fue forzada a elegir entre la lealtad a su padre y los votos que había hecho con su marido, David. No se trataba de un malentendido o una zona gris; Saúl quería matar a David; ¡y lo intentó en múltiples ocasiones! (Tu familia política es bastante buena ahora, ¿no es cierto?).

La relación entre Saúl y David no siempre fue así. Saúl era el primer rey de Israel, aquel que el pueblo le había pedido a Dios. El profeta Samuel había intentado oponerse a los deseos del pueblo de tener un rey, pero Dios le aseguró a Samuel que Él tenía un plan, y ese plan incluía a Saúl como rey. Al igual que tantos otros en las Escrituras, hubo épocas en las que Saúl seguía al Señor de cerca, y otras en las que se guiaba por sus propios caprichos. Como mencionamos en la historia que nos llevó al relato de Ester, Saúl desobedeció explícitamente una orden de Dios de eliminar a los amalecitas. Fue en ese momento en que vimos que la bendición de Dios abandonó a Saúl, y a Saúl muy perturbado. La Biblia dice que incluso Samuel, quien había ungido a Saúl por orden de Dios, se lamentó por él. En medio de la tristeza de Samuel, Dios le dijo que se recompusiera y fuera a visitar a Isaí, un hombre con ocho hijos.

Durante la interacción entre el profeta Samuel e Isaí, leemos uno de los versículos más conocidos sobre cómo Dios percibe a las personas y cómo espera que nosotros las veamos. Al ver al hijo mayor de Isaí, Eliab, Samuel quedó impresionado y pensó que Eliab era el elegido por Dios para ser el próximo rey de Israel.

> Pero el Señor le dijo a Samuel: "No te dejes impresionar por su apariencia ni por su estatura, pues yo lo he rechazado. La gente se fija en las apariencias, pero yo me fijo en el corazón" (1 Samuel 16:7).

Samuel observó a los hijos de Isaí uno por uno, pero Dios no había escogido a ninguno de ellos. Le preguntó a Samuel si tenía alguno más. El padre admitió que, bueno, estaba su hijo menor allí afuera cuidando a las ovejas. Isaí hizo traer a David y Dios dejó en claro que ese era su elegido.

Samuel tomó el cuerno de aceite y ungió al joven en presencia de sus hermanos. Entonces el Espíritu del Señor vino con poder sobre David (1 Samuel 16:13).

Dios había escogido a David, y Samuel lo había ungido como el próximo rey de Israel. Pequeño problema: Saúl aún creía ser el rey. Él ya no contaba con el apoyo o la guía de Dios, pero todavía reinaba sobre la nación de Israel. Mientras Saúl lidiaba con sus emociones por momentos explosivas, sus siervos tuvieron la idea de traer un músico que tocara el arpa para Él, para calmarlo. Saúl les encomendó que buscaran a uno, y sugirieron a David.

Uno de los cortesanos sugirió: "Conozco a un muchacho que sabe tocar el arpa. Es valiente, hábil guerrero, sabe expresarse y es de buena presencia. Además, el Señor está con él. Su padre es Isaí, el de Belén" (1 Samuel 16:18).

Saúl mandó a buscarlo, y la Biblia dice que cuando se conocieron por primera vez, el rey lo admiraba tanto que lo nombró como uno de sus escuderos. Saúl le pidió permiso a Isaí para quedarse con David, y cada vez que el rey estaba perturbado, el arpa del joven lo calmaba. David también se hizo muy amigo del hijo de Saúl, Jonatán.

Hasta ahora nada mal la futura familia política, ¿no es cierto? ¿Por qué no querría Saúl que David se casara con una de

sus hijas? Para el momento en el que aparece Mical por primera vez en el Antiguo Testamento, el estrellato de David estaba
en alza en la corte del rey. Había derribado a Goliat de manera extraordinaria, y se había convertido en el favorito de Israel.
Y lo que comenzó como admiración de Saúl para con el joven
comenzó a tornarse en un celo creciente y peligroso. Leemos
en 1 Samuel 18 que David tenía éxito en cada misión que el
rey le encomendaba. Tanto que el pueblo comenzó a notarlo.

Ahora bien, cuando el ejército regresó, después de haber
matado David al filisteo, de todos los pueblos de Israel salían mujeres a recibir al rey Saúl. Al son de liras y panderetas,
cantaban y bailaban, y exclamaban con gran regocijo: "Saúl
mató a sus miles, ¡pero David, a sus diez miles!". Disgustado
por lo que decían, Saúl se enfureció y protestó: "A David le
dan crédito por diez miles, pero a mí por miles. ¡Lo único que
falta es que le den el reino!". Y a partir de esa ocasión, Saúl
empezó a mirar a David con recelo (1 Samuel 18:6-9).

El rey también intentó matar a David arrojándole una
lanza mientras tocaba el arpa en la corte real. Algún tiempo
después, Saúl tramó un plan. Le ofreció casarse con su hija
mayor, Merab, a cambio de que asumiera el compromiso de
tomar su lugar en las batallas. Si David iba a ser el yerno del
rey, entonces estaría ligado a Saúl por obligación familiar, y si
este le ordenara ir a luchar, David no podría negarse. Puede
que Saúl pensara que le servía más dejar que los filisteos lo
eliminaran, en lugar de tener que hacerlo él mismo. ¿Pensó
también que sería útil que su hija le reportara todos los mo-
vimientos del joven, como un espía en la casa de su enemigo? Por supuesto, la tragedia es que David no era enemigo
de Saúl; solo había buscado servir al rey. Saúl creó su propio

enemigo, y finalmente no le dejó otra opción a David que ponerse en su contra. Esencialmente el joven rechazó la oferta de casarse con Merab, diciendo que él y su familia eran muy humildes para unirse a la familia real. Así que el rey hizo que su hija se casara con otro hombre en su lugar.

Aquí es donde entra la hija menor, Mical. Ella es la única mujer que, según recuerdo haber leído en la Biblia, confiesa abiertamente su amor por un hombre. Se había enamorado profundamente de este guerrero apuesto y exitoso, pero nunca vemos ningún indicio de que David correspondiera a sus sentimientos. La Biblia nos da pistas de que el amor de Mical por David no era correspondido. Como veremos, las acciones posteriores de David parecen respaldar esta teoría. Saúl hizo que sus siervos contactaran a David y le ofreció una segunda oportunidad de convertirse en su yerno. Nuevamente el joven protestó: "¡Yo no soy más que un plebeyo insignificante!" (1 Samuel 18:23). Hay mucha especulación entre los estudiosos sobre lo que estaba sucediendo realmente. ¿Acaso David estaba preocupado por su capacidad de pagar el precio por casarse con ella? ¿Le preocupaba quedar atrapado en uno de los planes de Saúl? Quiero decir que ¡el hombre había intentado matarlo! Cualquiera fuera el caso, Saúl vio una oportunidad de lujo. Le dijo a David que lo único que quería a cambio de la mano de Mical eran los prepucios de cien filisteos. ¡Rayos! El objetivo de Saúl era incluso peor que la salvaje petición:

> Lo que Saúl quería era que David cayera en manos de los filisteos (1 Samuel 18:25).

En una estrategia ingeniosa, Saúl le ofreció a David un camino para demostrar su valor matando a cien filisteos, lo cual era una oferta tramposa, digna de un genio del mal. Si David decía que no, se arriesgaba a quedar como un cobarde frente a las mismas multitudes que lo exaltaban por su heroísmo. Pero si decía que sí, lo más probable era que resultara herido o muerto al intentar derribar a tantos guerreros enemigos. Desde la perspectiva de Saúl, ambas alternativas eran buenas. Había grandes posibilidades de que David muriera luchando contra los filisteos, *pero* también existía la posibilidad de que David sobreviviera y se uniera a la familia real, y Saúl recibiera estima y honor por ello. En cualquiera de los casos, lo que quería el rey era neutralizar la amenaza a su reinado.

Debo reconocer que mi propio esposo, Sheldon, tenía sospechas de que mi papá iría tras él desde la primera vez que lo llevé a casa para conocer a mi familia. Mi padre era un gran aficionado a la pirotecnia. No necesitaba del 4 de julio para hacer un despliegue casi profesional de fuegos artificiales. Le encantaba hacerse del mejor botín y buscaba cualquier excusa para iluminar el cielo. La primera noche que Sheldon conoció a mi padre, hicimos una comida al aire libre y, por supuesto, los fuegos artificiales formaban parte del plan para después de la cena. Cuando comenzaron a estallar y sonar, algo salió mal. Uno de los petardos se volcó y apuntó justo a la cabeza de Sheldon. Al volar golpeó en un costado de la casa de ladrillos de mi padre, detrás de Sheldon, y explotó. Tan pronto como estuvo claro que Sheldon estaba ileso, mi padre se echó a reír y se disculpó de manera profusa. La sorpresa de todos los demás se convirtió rápidamente en risas. A mi padre se lo notaba un poco avergonzado y todos sabíamos que sus múltiples disculpas eran auténticas. Eso es porque me amaba a mí y siempre se aseguraba de que yo fuera feliz, estuviera segura y tuviera todo lo que necesitaba. La pobre Mical tenía la completa antítesis de eso en Saúl.

Mical estaba loca por David, y su padre lo sabía. Sin embargo, conspiró para que lo mataran. Saúl había planeado empeñar a su hija mayor, y al parecer también estaba dispuesto a destrozar el corazón de su hija menor. ¿Cómo es que un padre podía ser tan egoísta y ni siquiera inmutarse por el enorme dolor que sus acciones directas podían causarle a su propia hija? Sin consideración por los sentimientos de Mical, Saúl esperaba aprovecharse de su amor por David para finalmente impulsar un matrimonio.

Si nos detenemos y observamos más allá de la lucha entre estos dos hombres poderosos, vemos a Mical; la vemos realmente a ella. No es sorprendente que se hubiese enamorado de David. Después de todo, como princesa de la corte real, habría tenido un asiento en primera fila para ver el heroísmo de David cuando derrotó a Goliat. Habría sido testigo de todas sus hazañas, y vivido junto a él en la corte. David se había vuelto un íntimo amigo de su hermano Jonatán, y probablemente ya se lo trataba como a un miembro más de la familia. Era un joven apuesto y heroico que había salvado a toda su nación.

Nada de esto le importaba a Saúl. Él solo veía los sentimientos de Mical como una ventaja estratégica, y conspiró despiadadamente para aprovecharse de ellos. Ella puede haber pensado que su padre estaba haciendo un acto de amor por ella cuando la propuso para casarse con David. ¿Acaso sabía —o sospechaba— que su padre tenía objetivos ocultos? Saúl quería que su hija fuese una "trampa" para su esposo (1 Samuel 18:21). También quería utilizarla para poner en peligro a David. Pero una vez más, el espíritu de Dios y su protección estuvieron con David cuando salió a pagar el precio que Saúl había pedido por la mano de Mical.

Aún no se había cumplido el plazo cuando David fue con sus soldados y mató a doscientos filisteos, cuyos prepucios entregó al rey para convertirse en su yerno. Así fue como Saúl le dio la mano de su hija Mical (1 Samuel 18:26-27).

Si Saúl había temido a la anterior adulación de la gente hacia David, entonces haberle dado una nueva oportunidad de probarse a sí mismo como guerrero no había sido una decisión sabia. Debió pensar que valía la pena por la posibilidad de que muriera en el proceso y se borrara su problema, pero no fue así. David sobrevivió, su lustre de héroe se pulió aún más, y se casó con Mical. Finalmente era el yerno del rey.

Al haber sido criada en la corte real, Mical probablemente fue testigo no solo de las hazañas de David, sino también de la grandeza inicial de su padre y de la consiguiente espiral descendente. Es muy probable que supiese la clase de hombre que era su padre, o más bien, la clase de hombre en la que lo habían convertido sus celos hacia David. Qué terrible debe haber sido ver el declive de su noble padre hacia la locura y el mal. Saúl era el rey de Israel, un hombre escogido por el pueblo y ungido por el profeta Samuel. Él lo tenía todo —riqueza, poder y el favor de Dios— y lo perdió por su propia desobediencia y sus celos venenosos. ¡Qué difícil debe haber sido para Mical ser testigo de eso!

Mical experimentó el trágico dolor de ver a un ser querido perderse irremediablemente, y de seguro experimentó una profunda sensación de impotencia. Probablemente no había nada que pudiera hacer o decir para devolverle a su padre la salud y la plenitud. ¡Qué difícil es ser el hijo de un padre que toma decisiones destructivas! Los padres suelen ser figuras de autoridad para nosotros, entonces ¿qué hacemos cuando un padre se convierte en el que necesita orientación o una charla firme? Vendrían verdaderos momentos de fricción entre Saúl y Mical, pero no todavía. Primero, la celebración de una boda.

Mical, la esposa de David

Si Mical había estado deseando que su matrimonio apaciguara el odio irracional de su padre hacia David, pronto quedó decepcionada.

Saúl se dio cuenta de que, en efecto, el Señor estaba con David, y de que su hija Mical lo amaba. Por eso aumentó el temor que Saúl sentía por David, y se convirtió en su enemigo por el resto de su vida. Además, cada vez que los jefes filisteos salían a campaña, David los enfrentaba con más éxito que los otros oficiales de Saúl. Por eso llegó a ser muy famoso (1 Samuel 18:28-30).

Aparentemente Saúl comprendió que su plan de usar a Mical contra David no iba a funcionar. Ella persistía en su amor por su esposo, aunque una vez más —lo cual quizás sea un dato revelador— nada se dice sobre los sentimientos de David hacia ella. En lugar de suavizar su actitud con su esposo, su padre ahora había reafirmado su odio, y se había convertido, como dice el escalofriante versículo, en "su enemigo por el resto de su vida" (1 Samuel 18:29). David continuó floreciendo, tal como su éxito en el campo de batalla. El padre de Mical continuó hundiéndose en el pecado y la desesperación.

Aunque la relación de David con su suegro siguió deteriorándose, sus vínculos con el resto de la familia del rey se hicieron aún más íntimos. Mical era una fiel devota de David, y su amistad con su cuñado, Jonatán, era muy arraigada. Jonatán incluso trató de abogar por su amigo ante su padre, asegurándole a Saúl que David no tenía intenciones de ocupar el trono y que no representaba una amenaza para él. Pero los celos del rey habían crecido demasiado como para creerle. Una vez más, Saúl intentó matar a David. No habría reconciliación.

Entonces Saúl mandó a varios hombres a casa de David, para que lo vigilaran durante la noche y lo mataran al día siguiente. Pero Mical, la esposa de David, le advirtió: "Si no te pones a salvo esta noche, mañana serás hombre muerto". En seguida ella descolgó a David por la ventana, y así él pudo escapar. Luego Mical tomó un ídolo y lo puso en la cama con un tejido de pelo de cabra en la cabeza, y lo cubrió con una sábana. Cuando Saúl mandó a los hombres para apresar a David, Mical les dijo: "Está enfermo". Pero Saúl los mandó de nuevo a buscar a David: "Aunque esté en cama, ¡tráiganmelo aquí para matarlo!". Al entrar en la casa, los hombres vieron que lo que estaba en la cama era un ídolo, con un tejido de pelo de cabra en la cabeza (1 Samuel 19:11-16).

Debatiéndose entre el hombre que le dio la vida y el hombre que amaba, Mical eligió proteger a su marido. Debía conocer la maldad de Saúl y sus numerosos intentos de matar a su esposo, tanto directa como indirectamente. No solo ayudó a su esposo a escapar, sino que también ideó su propio plan para darle ventaja a David en su huida.

Su padre estaba disgustado, pero cuando se enfrentó a Mical, ella no estaba dispuesta a atribuirse la responsabilidad de lo que había hecho.

Entonces Saúl le reclamó a Mical: "¿Por qué me has engañado así? ¿Por qué dejaste escapar a mi enemigo?" Ella
respondió: "Él me amenazó con matarme si no lo dejaba
escapar" (1 Samuel 19:17).

Ahora que su esposo se había escapado de manera segura, Mical podía fingir que había estado del lado de su padre todo el tiempo. Según ella, ¡David había amenazado con
matarla! Hubiese sido una mentira fácilmente creíble. Era
probable que Saúl creyera lo peor del hombre que se había
convertido en el foco de sus obsesiones. Así que David escapó y Mical también estuvo a salvo, de vuelta en el palacio,
donde nadie conocía su engaño y todos suponían que su verdadera lealtad era hacia su padre. Mical no accedió a participar en el pecado de su padre de tentativa de asesinato, y así
lo salvó del pecado mayor de asesinato real. Mical salvó a David esa noche, pero también salvó a Saúl.

Políticamente, Mical estaba atrapada entre ser la hija del
rey y la esposa del (presunto) futuro rey. No solo era un lugar
peligroso de ocupar, sino también uno emocionalmente desgarrador. Se debatía entre su padre y su esposo. Parece que
ninguno de ellos le daba amor a cambio, ni mostraba consideración por su valor intrínseco como ser humano o como
mujer. Su padre la utilizó como instrumento en su guerra con
David y no le dio más importancia. La Biblia no hace mención
a los sentimientos de su esposo por ella, aunque ella le salvó
la vida. Tal como en la historia de Ester, en Mical vemos una
hija a la que se le presenta una elección muy difícil: ¿a quién
sigo? Ester escogió ser fiel a su padre judío, en lugar de a un
rey pagano. Pero Mical estaba en una situación que probablemente se sentía como una situación sin salida. De un lado,
un padre malvado que se empeñaba en matar a su marido y,

del otro, un marido que no parecía corresponder al amor que ella le prodigaba.

Desafortunadamente, las artimañas de Saúl en la vida de su hija continuaron. La siguiente vez que leemos sobre Mical en la Biblia, su padre ha tratado su matrimonio con David como si no existiera. De hecho, ¡la casó con otro hombre! No tenemos ningún indicio de que Saúl haya consultado los sentimientos de Mical al respecto. La Biblia nos dice simplemente: "Saúl, por su parte, había entregado su hija Mical, esposa de David, a Paltiel hijo de Lais, oriundo de Galín" (1 Samuel 25:44). David también había adquirido una nueva esposa; dos esposas, de hecho. Mientras se escondía con sus hombres en el desierto, reuniendo poco a poco más tropas leales a él, David se casó con Abigaíl, viuda del rico Nabal, y también con Ajinoán de Jezrel. La historia de amor de Mical con David parece haber terminado: el marido de sus sueños se ha ido del palacio, está coleccionando otras esposas y no hay perspectivas de que se reúnan porque su padre la ha casado con otra persona.

Probablemente ninguna de nosotras haya experimentado lo que es ser la hija de un rey y estar casada con alguien que compite por convertirse en el futuro rey. Pero muchas de nosotras sí sabemos lo que es experimentar tensión entre la familia en la que nacimos y la familia que establecemos. Los conflictos entre suegros y yernos o nueras son tan antiguos como la historia de la humanidad. Los padres quieren proteger a sus hijas, y a menudo ven a los intrusos con desconfianza, con suerte porque quieren lo mejor para sus hijas, y no porque sean conspiradores asesinos como Saúl. ¿Cuántas de nosotras hemos tomado alguna de las mismas decisiones emocionales que tomó Mical? Evadió el conflicto con su padre. No le dijo: ¡amo a David y no hay nada que puedas hacer al respecto! Se cuidó de no enemistarse con su padre. En el caso de Mical, se debió a que él podría haberla condenado a muerte por tal desafío. En nuestra propia vida, estar alejadas de nuestra familia puede sentirse como una muerte. A menudo, la opción más astuta es evitar enemistarse con nadie y, en el caso de las mujeres, eso es algo que nos enseñan a muchas desde pequeñas. Con frecuencia se asume que nuestro rol es traer paz a una familia y asegurarnos que todos se estén llevando bien. En el mejor de los casos, esa puede ser una afirmación hermosa de la vocación de ser mujer. Pero en el peor de los casos, esa expectativa puede ocupar un lugar de carga emocional injusta que significa que terminamos internalizando el conflicto de todos los demás.

Mical intentó cumplir con ambas partes, pero es difícil ver qué otra opción tenía. Si hubiese escogido a David, habría tenido que huir con él. No hubiese habido nadie que distrajera a los soldados y le diera a su esposo esas horas cruciales para poder escapar. De seguro lo habrían capturado y matado. Pero si hubiese escogido a Saúl, probablemente habría significado la muerte de David. La única manera en la que Mical podía ser fiel a su esposo era fingiendo que era fiel a su padre. Parece que sacó lo mejor de una situación imposible.

A lo largo de la vida, a veces nos encontramos con circunstancias en las que no hay una respuesta sencilla. Allí es cuando me arrodillo ante los pies de Dios. No solo para depositar mis preocupaciones en Él, como nos instruye en 1 Pedro 5:7, sino también porque Él es la fuente principal de sabiduría.

> Si a alguno de ustedes le falta sabiduría, pídasela a Dios, y él se la dará, pues Dios da a todos generosamente sin menospreciar a nadie (Santiago 1:5).

Cuando nos encontramos atrapadas entre personas que amamos, la oración y la sabiduría celestial son dos de nuestras mejores herramientas. Nadie quiere estar en estas situaciones, pero surgen. Busca la guía del Señor y Él será fiel en guiarte en las decisiones más desafiantes de la vida. También suelo recurrir a cristianos más maduros, personas con experiencia en la vida y un historial de ser personas de confianza. Sus puntos de vista pueden ofrecer un valioso consejo cuando más lo necesitas.

Ya no era hija

Si el corazón de Mical no estaba roto aún, después de haber sido usada por su padre y prácticamente abandonada por David, estaba a punto de enfrentarse a un giro en la historia aún más amargo. Saúl fue asesinado en una derrota desastrosa. Su hijo Isboset ascendió al trono, respaldado por el primo y general de Saúl, Abner. Pero entonces allí David finalmente tuvo una tregua: Abner desertó y accedió a inclinar la guerra a favor de él. Para que demostrara sus intenciones, David le pidió una cosa al general:

> "Muy bien", respondió David. "Haré un pacto contigo, pero con esta condición: Cuando vengas a verme, trae contigo a Mical hija de Saúl. De lo contrario, no te recibiré". Además, David envió unos mensajeros a decirle a Isboset hijo de Saúl: "Devuélveme a mi esposa Mical, por la que di a cambio cien prepucios de filisteos" (2 Samuel 3:13-14).

La petición de David fue astuta. Si Abner iba a desertar, tenía que demostrarle a David que lo decía en serio. Necesi-

taba mostrarle que, aunque quisiera, no podría volver apoyar a Isboset. ¿Qué sería lo único que podría probarlo? Tomar
a Mical, la "posesión" de Saúl, delante de las narices de su
hijo y llevarla de vuelta a David. Estaba claro que Mical era el
campo de batalla emocional en el que se disputaba esta lucha entre David y Saúl. En la lista de todo el accionar injusto
de Saúl, esto nos muestra que tal vez lo que más le molestó
a David fue que alejó a Mical de él. El escenario parece estar
preparado para un reencuentro romántico y amoroso entre
David y Mical. Pero lo que sucedió fue mucho más perturba-
dor que eso.

Por tanto, Isboset mandó que se la quitaran a Paltiel hijo de
Lais, que era su esposo, pero Paltiel se fue tras ella, llorando por todo el camino hasta llegar a Bajurín. Allí Abner le ordenó que regresara, y Paltiel obedeció (2 Samuel 3:15-16).

¡Pobre Paltiel! Su reacción ante la pérdida de su esposa
es el reflejo del amor de Mical por David en capítulos anteriores. Es desgarrador leerlo. Esta es la única vez en la Biblia
que vemos a un hombre llorar así por el amor de su esposa.
¡Y sucede aquí, de entre todas las historias! ¿Tenía Paltiel algún derecho a elegir en su matrimonio con Mical, más que
ella? Es imposible que lo sepamos. Pero aquí parece devastado, y su impotencia ante los grandes acontecimientos nos
recuerdan las consecuencias humanas de la conspiración y
el pecado.

Una vez más, Mical fue tratada como un títere. ¿Disfru-
tó de unos años de felicidad con Paltiel? ¿O seguía anhelando
a David? Aquí la Biblia nos ofrece un comentario interesante sobre el amor. A veces el amor es recíproco, pero otras
veces el amor humano es dirigido a alguien que no puede

o no quiere amarnos de la manera que deseamos. La Biblia muestra personas viviendo vidas reales con emociones reales y complejas. El amor de Mical por David, y el de Paltiel por Mical, nos muestran que el anhelo humano ordinario también tiene cabida en la Biblia.

Hay tanto que no podemos saber sobre Mical. ¿Estaba contenta de casarse con otro hombre cuando se dio cuenta de que David no volvería por ella, y que tenía ya otras esposas? ¿O tenía el corazón roto por haber sido usada una vez más por su padre? Dada la oportunidad de regresar al palacio y asumir el puesto de reina, ¿estaba ansiosa por dejar Paltiel y volver a David? Es posible que, en aquella época, Mical no tuviera la autonomía necesaria para tomar esas decisiones, y no podemos dejar de preguntarnos cómo se sentía al ser trasladada de un hogar a otro y de una relación a otra.

Mical experimentó mucha inestabilidad en su vida: la salud mental tambaleante de su padre, la incertidumbre de su reinado, la inseguridad de su propio matrimonio. Con la victoria final de David, la balanza de poder cambió de inclinación. Pero como su vida estaba ligada tanto a su padre como a su marido, el ascenso de uno significaba inevitablemente la caída del otro, y más angustia para Mical. David pudo colocarse en una posición de poder y reclamar de vuelta a su esposa solo porque los líderes de la casa de Saúl, el rey y su hijo Jonatán, ya habían sido asesinados:

> Los filisteos fueron a la guerra contra Israel, y los israelitas huyeron ante ellos. Muchos cayeron muertos en el monte Guilboa. Entonces los filisteos se fueron en persecución de Saúl, y lograron matar a sus hijos Jonatán, Abinadab y Malquisúa. La batalla se intensificó contra Saúl, y los arqueros lo alcanzaron con sus flechas. Al verse gravemente herido,

Saúl le dijo a su escudero: "Saca la espada y mátame, no sea que lo hagan esos incircuncisos cuando lleguen, y se diviertan a costa mía".

Pero el escudero estaba tan asustado que no quiso hacerlo, de modo que Saúl mismo tomó su espada y se dejó caer sobre ella. Cuando el escudero vio que Saúl caía muerto, también él se arrojó sobre su propia espada y murió con él. Así, en un mismo día murieron Saúl, sus tres hijos, su escudero y todos sus hombres (1 Samuel 31:1-6).

Una pérdida inimaginablemente devastadora para Mical. El mismo día, perdió a su padre y a tres de sus hermanos, incluido Jonatán. La pérdida por sí misma debe haberse sentido abrumadora, aun sin considerar la batalla política de poder que se desenvolvía en su país. Independientemente de sus desacuerdos con Saúl —y eran profundos— él seguía siendo su padre, y le brindaba la protección de ser una princesa de Israel. Siempre existía la posibilidad de que se arrepintiese, de que volviera en sí y pidiera perdón por todo el mal que había hecho contra David y Mical. Pero tras su muerte, toda posibilidad de arrepentimiento desapareció, junto con cualquier protección que ella pudiera haber tenido.

Es como si el pecado de asesinato que Mical había evitado antes se hiciera realidad aquí. La ironía es que durante años Saúl había anhelado matar, y había intentado matar a David muchas veces. A fin de cuentas, no lo consiguió, y él mismo acabó siendo el objetivo. Mical no podía hacer nada para salvarlo. La mayor víctima de Saúl fue siempre, en última instancia, él mismo. Sus esfuerzos por utilizar a su hija —y a otros— para enaltecerse habían fracasado definitivamente.

Ya no era esposa

Entonces Mical fue devuelta a David, como señal de su triunfo final sobre la casa de Saúl. La Biblia no cuenta nada sobre el estado en que se encontraba la relación de ellos dos.
No tenemos ningún vistazo a las conversaciones que tuvieron
hasta unos años después, cuando David finalmente recupe-
ró el arca del pacto y la llevó en señal de triunfo al templo de
Jerusalén. Por primera vez desde que leemos de su amor por
David, vemos los sentimientos de Mical.

En cuanto le contaron al rey David que por causa del arca
el Señor había bendecido a la familia de Obed Edom y toda
su hacienda, David fue a la casa de Obed Edom y, en medio
de gran algarabía, trasladó el arca de Dios a la Ciudad de
David. Apenas habían avanzado seis pasos los que llevaban
el arca cuando David sacrificó un toro y un ternero engor-
dado. Vestido tan solo con un efod de lino, se puso a bailar
ante el Señor con gran entusiasmo. Así que entre vítores y
al son de cuernos de carnero, David y todo el pueblo de Israel llevaban el arca del Señor.

Sucedió que, al entrar el arca del Señor a la Ciudad de
David, Mical hija de Saúl se asomó a la ventana; y, cuando
vio que el rey David estaba saltando y bailando delante del
Señor, sintió por él un profundo desprecio.

El arca del Señor fue llevada a la tienda de campaña
que David le había preparado. La instalaron en su sitio, y
David ofreció holocaustos y sacrificios de comunión en presencia del Señor. Después de ofrecer los holocaustos y los
sacrificios de comunión, David bendijo al pueblo en el nombre del Señor Todopoderoso, y a cada uno de los israelitas

que estaban allí congregados, que eran toda una multitud de hombres y mujeres, les repartió pan, una torta de dátiles y una torta de uvas pasas. Después de eso, todos regresaron a sus casas (2 Samuel 6:12-19).

Este momento, más que cualquier otro, simbolizaba el triunfo final de David como rey de Israel. Sus éxitos en el campo de batalla eran una cosa, pero esto demostraba que realmente tenía el favor y la bendición de Dios. Llegó a bendecir al pueblo en nombre de Dios, actuando casi como un sacerdote. Los bendecía "en el nombre del Señor Todopoderoso", o Jehova-Sabaot, como figura en las traducciones más antiguas (2 Samuel 6:18). Era un modo de referirse a Dios como el comandante de los ejércitos de ángeles, al igual que David era comandante de los ejércitos de hombres. El mensaje estaba claro: como en el cielo, en la tierra. Dios era rey en el cielo, y David era rey en la tierra: un paralelismo del rey divino.

Está claro que Mical no aprobaba el animado baile de David ni su elección de vestuario poco formal. La Biblia indica que estaba "llena de desprecio". Habría sido difícil para cualquier espectador no contrastar la exultación y la alegría de David por Dios con la desobediencia y el alejamiento de Saúl. Después de todo, Dios había quitado su favor de Saúl cuando este le había desobedecido. ¿Y cómo había transgredido Saúl? Al asumir un papel religioso que no le correspondía. Cuando los ejércitos de Israel estaban a punto de entrar en batalla contra los filisteos, Saúl ofreció él mismo los sacrificios a Dios a la vista de todo su ejército para que no se desanimaran mientras esperaban que apareciera Samuel (1 Samuel 13:1-14). Pero, además, continuó esta transgresión ceremonial mintiendo sobre su propósito. Saúl había dicho a Samuel que deseaba buscar el favor del Señor, pero parece que su verdadera motivación era su miedo al pueblo. En cambio, los sacrificios de David eran una expresión de su fe, ofrecidos en una entrega alegre.

Tan solo un par de capítulos después, Samuel nos recuerda lo más importante cuando reprendió a Saúl por desobedecer nuevamente las indicaciones de Dios.

"¿Qué le agrada más al Señor: que se le ofrezcan holocaustos y sacrificios, o que se obedezca lo que él dice? El obedecer vale más que el sacrificio, y el prestar atención, más que la grasa de carneros. La rebeldía es tan grave como la adivinación, y la arrogancia, como el pecado de la idolatría. Y, como tú has rechazado la palabra del Señor, él te ha rechazado como rey" (1 Samuel 15:22-23).

¿Se le dificultó a Mical comprender lo que podía parecerle una verdadera incoherencia? Dios había castigado a su padre por meterse en asuntos religiosos, diciéndole que un día perdería su reino por sus transgresiones. Sin embargo, aquí estaba David, su marido, asumiendo un papel religioso al mando de la procesión del arca. No vino ningún fuego del cielo para castigarlo. David era el preferido de Dios. Mientras tanto, el padre y los hermanos de Mical estaban muertos, y su familia había sido desplazada del reino. Lo injusto de la situación debió irritarla y llenar su corazón de dolor y rabia. Había sacrificado mucho para ponerse del lado de David, tal vez incluso la confianza de su padre. Quizás en algún rincón de su corazón pensaba que, si David se hubiese quedado pastoreando a las ovejas, nada de todo esto hubiese sucedido: la locura y muerte de su padre, la destrucción de su hermano Jonatán, la caída del reinado de Saúl. Los sentimientos de Mical deben haber sido profundos y complejos.

Cuando David volvió para bendecir a su familia, Mical, la hija de Saúl, le salió al encuentro y le reprochó: "¡Qué distinguido se ha visto hoy el rey de Israel, desnudándose como un cualquiera en presencia de las esclavas de sus oficiales!". David le respondió: "Lo hice en presencia del Señor, quien en vez de escoger a tu padre o a cualquier otro de su familia, me escogió a mí y me hizo gobernante de Israel, que es el pueblo del Señor. De modo que seguiré bailando en presencia del Señor, y me rebajaré más todavía, hasta humillarme completamente. Sin embargo, esas mismas esclavas de quienes hablas me rendirán honores". Y Mical hija de Saúl murió sin haber tenido hijos (2 Samuel 6:20-23).

Qué caldo tóxico de resentimiento se había gestado en el corazón de Mical. Su padre la usó, y parece que el hombre que una vez amó también estaba dispuesto a tratarla como un instrumento político. Ella arremetió contra David y él vio el fondo de lo que Mical realmente quería decir: el contraste entre su propia familia y él. David le recordó que él era en realidad el elegido del Señor, no su padre ni su familia. Si teníamos alguna duda sobre el estado de la relación de estos dos, parece que no había ninguna posibilidad de reconciliación. Los estudiosos difieren en cuanto a por qué Mical no tuvo hijos; si fue porque ella y David nunca volvieron a tener intimidad como marido y mujer, o si Dios le negó la descendencia como una forma de juicio. Cualquiera sea el caso, esa falta de hijos significaba que ningún descendiente de Saúl podría ser jamás heredero del trono del rey David.

Nuestros matrimonios no están aislados en el vacío. Como mujeres, a menudo estamos divididas por estas mismas circunstancias: el amor por nuestra familia biológica y la lealtad a nuestra nueva familia. Eso puede hacer surgir malentendidos, heridas y desconfianza. Para Mical, dio lugar a toda una vida de dolor, confusión y rencor. Todo comenzó con un padre orgulloso y egoísta que nunca pareció capaz de querer y proteger a su propia hija. Puede que esa sea la realidad de algunas de las que leen este libro. Es difícil confiar en que nuestro Padre celestial es completamente diferente a los seres humanos defectuosos que han sido nuestros padres terrenales, pero así lo es. Si tu padre no ha sido un modelo de confianza y aceptación contigo, hay sanidad en el amor y la gracia inquebrantables de Dios. Él sabe que todos somos imperfectos y podemos herirnos mutuamente, en especial si hay un sentido de confianza que se ha roto. Dios no nos garantiza una vida salida del canal de telenovelas (¡cómo me gustaría que así fuera!), pero siempre nos regala su presencia. Lo encontramos en la oración, y también en las páginas de la Biblia, llenas de personas reales con luchas difíciles que encuentran la paz bajo las alas de su Padre celestial si deciden descansar allí.

Señor Dios, concédenos fuerza para verte en los enfrentamientos y conflictos dentro de nuestras propias familias y en nuestros propios fracasos. Cuando estemos atrapadas entre personas que no se agradan o no confían el uno en el otro, danos la fuerza para escoger el amor. Ayúdanos a mostrarle amor a aquellos que parecen incapaces de darlo. Guíanos a la verdad de tu presencia infalible en nuestra vida. Te pedimos que bendigas nuestras complejas familias en todas sus luchas, y cuando surjan los conflictos, otórganos el coraje y la sabiduría para enfrentar esos conflictos contigo a nuestro lado y en nuestro corazón.

Preguntas de estudio sobre Mical

1. ¿Qué tan venenosos fueron los celos de Saúl hacia David? ¿Qué nos dice sobre él como padre el hecho de que estaba más que dispuesto a usar a sus hijas para intentar destruir a David? ¿Qué tan difícil debe haber sido para Mical estar atrapada entre su padre y su esposo? ¿Has experimentado conflictos familiares que pusieron a prueba tu lealtad? ¿Cómo los resolviste? ¿O estás intentando traer paz a la situación?

2. ¿Qué resultado tuvieron los planes de Saúl para utilizar a Mical? (1 Samuel 18:28-30).

3. ¿Cómo intentó Mical ponerse de ambos lados en este conflicto familiar de potencial asesinato? (1 Samuel 19:11-17).

4. ¿Cómo te imaginas que Mical se debe haber sentido cuando Saúl volvió a trastornar su vida? (1 Samuel 25:44). ¿De qué manera el egoísmo y la paranoia de Saúl terminaron afectando otras vidas más allá de la suya?

5. ¿Es David tan culpable de usar a Mical de forma egoísta como lo había hecho su padre, sin tener en cuenta sus sentimientos o deseos? (2 Samuel 3:13).

6. ¿De qué manera la amargura destruyó a Mical? (2 Samuel 6:20-23). ¿Podemos culparla? ¿Cómo podemos prevenir que la semilla del rencor eche raíces en nuestra propia vida cuando fuimos tratadas injustamente?

~⋙~

Milagros para madres...
e hijas también
~⋙~

(1 REYES 16:29-33, 1 REYES 17:1,7-24, 1 REYES 18:17-18,
2 REYES 4:1-7, MARCOS 5:22-43)

Dios nunca ignora nuestras luchas, y es impulsado por la compasión. Vemos esa verdad una y otra vez tanto en el Antiguo como en el Nuevo Testamento. Deberíamos sentirnos alentadas por su ilimitado caudal de gracia y misericordia para con sus hijos. A lo largo de las Escrituras, hay historias que manifiestan la voluntad de Dios de intervenir en la angustia del hombre y convertirla en alegría. Él transforma el sufrimiento en propósito y el dolor en alegría.

Algunos de los momentos más hermosos y alentadores en la Biblia se generan cuando vemos a Dios llegar a la vida de las personas en lo más profundo de su necesidad. Es una imagen que nos apunta a la realidad de que Él aún se encuentra trabajando en nuestra vida tantos siglos después. Las historias nos llevan a momentos de dolor y lugares en los que parece no haber esperanza; esos son los momentos en los que vemos a Dios hacer un milagro. En nuestro contexto actual de tumulto e incertidumbre, ¿quién no necesita ese recordatorio? Sé que al menos yo lo necesito, y esa es la razón por la que me inspiro tanto y tomo coraje al estudiar las vidas de estas madres e hijas, y al ver el corazón profundamente compasivo de nuestro Padre celestial, que cubrió cada una de sus necesidades con un milagro. Una y otra vez, vemos que fue la fe la que preparó el camino para una intervención divina.

Milagros para madres

Un par de profetas del Antiguo Testamento nos ofrece la ilustración perfecta de cómo Dios se hizo presente para dos viudas en extrema necesidad. Elías llegó primero al pueblo de Israel, seguido luego por su aprendiz, Eliseo. Cada uno de ellos fue el vehículo de milagros de Dios en la vida de mujeres en crisis. Cuando conocemos a Elías, Israel se tambalea una vez más bajo el liderazgo de otro rey impío.

En el año treinta y ocho de Asá, rey de Judá, Acab hijo de Omrí ascendió al trono, y reinó sobre Israel en Samaria veintidós años. Acab hijo de Omrí hizo lo que ofende al Señor, más que todos los reyes que lo precedieron. Como si hubiera sido poco el cometer los mismos pecados de Jeroboán hijo de Nabat, también se casó con Jezabel hija de Et Baal, rey de los sidonios, y se dedicó a servir a Baal y a adorarlo. Le erigió un altar en el templo que le había construido en Samaria, y también fabricó una imagen de la diosa Aserá. En fin, hizo más para provocar la ira del Señor, Dios de Israel, que todos los reyes de Israel que lo precedieron (1 Reyes 16:29-33).

El rey Acab escogía la idolatría y la maldad, en conflicto directo con los mandamientos de Dios para su pueblo. Acab se casó con Jezabel, una mujer que adoraba al dios pagano Baal, y luego abrazó él mismo la práctica abominable. Construyó un templo para Baal para que el pueblo de Israel se uniera a la adoración blasfema. Acab no solo falló en guiar a los israelitas en el camino del bien, sino que además condujo al pueblo directamente a un dios falso. Dios envió a Elías para anunciar su juicio.

Ahora bien, Elías, el de Tisbé de Galaad, fue a decirle a Acab: "Tan cierto como que vive el Señor, Dios de Israel, a quien yo sirvo, te juro que no habrá rocío ni lluvia en los próximos años, hasta que yo lo ordene" (1 Reyes 17:1).

En Lucas 4:25, leemos que esta sequía duró tres años y medio y dio lugar a una "gran hambre" en toda la tierra. Durante gran parte de ese tiempo, Elías estaba dado a la fuga porque Acab lo culpaba por la sequía y lo quería ver muerto. Cuando estos dos hombres se encontraron cara a cara tres años después de la crisis, Acab señaló con el dedo a Elías, y el profeta le dio al rey una charla sin rodeos.

Cuando [Acab] lo vio, le preguntó: "¿Eres tú el que le está creando problemas a Israel?". "No soy yo quien le está creando problemas a Israel", respondió Elías. "Quienes se los crean son tú y tu familia, porque han abandonado los mandamientos del Señor y se han ido tras los baales" (1 Reyes 18:17-18).

Elías dejó en claro que el dolor que experimentaba Israel era una consecuencia directa del pecado de Acab de adorar a dioses falsos. A esta charla le siguió un despliegue épico, en el que Dios se reveló al pueblo de Israel de una manera dramática. Pero dentro de toda esta superproducción está la historia tranquila de una viuda y madre soltera que tenía colmada la paciencia.

Durante el tiempo de hambruna devastadora, y antes de sus enfrentamientos con Acab, Dios le ordenó a Elías que se dirigiese a la ciudad de Sarepta, una aldea que funcionaba como centro de adoración a Baal. El Señor le dijo a su profeta que allí conocería a una viuda que le daría de comer. Así que Elías se dirigió a la ciudad y se cruzó con una mujer que recogía leña. Ten en cuenta que, en esa época, las viudas eran excepcionalmente vulnerables si no tenían un proveedor masculino en lo que era una economía mayoritariamente agraria. Elías comenzó su conversación con la mujer pidiéndole la única cosa que era increíblemente escasa en ese momento: agua.

"Por favor, tráeme una vasija con un poco de agua para beber". Mientras ella iba por el agua, él volvió a llamarla y le pidió: "Tráeme también, por favor, un pedazo de pan" (1 Reyes 17:10-11).

La viuda, que era una gentil, no dudó en ir en busca de algo de agua para este viajero desconocido, pero su pedido no terminó allí. Elías también le pidió algo de comer. Sin embargo, todos en la tierra estaban desesperados por comer, incluida esta mujer.

"Tan cierto como que vive el Señor tu Dios", respondió ella, "no me queda ni un pedazo de pan; solo tengo un puñado de harina en la tinaja y un poco de aceite en el jarro. Precisamente estaba recogiendo unos leños para llevármelos a casa y hacer una comida para mi hijo y para mí. ¡Será nuestra última comida antes de morirnos de hambre!" (1 Reyes 17:12).

La mujer no tenía manera de saber que en ese momento estaba siendo parte del plan de Dios para sostener a Elías, pero sí sabía lo difíciles que eran sus circunstancias personales. Se lo explicó a Elías sin endulzar la realidad. *Voy a usar lo que tengo para una última comida y luego mi hijo y yo vamos a perecer.* Esta madre tenía la misma preocupación que tendría cualquier madre: estaría regalando los últimos recursos que tenía para mantener vivo a su hijo, aunque sea brevemente. ¿Había imaginado el sabor de estos últimos bocados con su hijo, sabiendo que era el final para ellos? De repente, un desconocido apareció en escena pidiéndole que abandonara su plan para satisfacer sus necesidades.

Pero Elías sabía que Dios estaba obrando, y rápidamente tranquilizó a la viuda.

"No temas", le dijo Elías. "Vuelve a casa y haz lo que pensabas hacer. Pero antes prepárame un panecillo con lo que tienes, y tráemelo; luego haz algo para ti y para tu hijo. Porque así dice el Señor, Dios de Israel: 'No se agotará la harina de la tinaja ni se acabará el aceite del jarro, hasta el día en que el Señor haga llover sobre la tierra'" (1 Reyes 17:13-14).

Elías le hizo una promesa a esta madre desesperada y ella no tenía idea si él la iba a poder cumplir. Tendría que ser un verdadero profeta y hacedor de milagros para que algo de todo esto se hiciera realidad. Elías le estaba pidiendo un paso de fe. Aunque la madre no conocía al Dios de Elías, Él estaba a punto de presentarse ante ella de un modo muy real. Fíjate lo que Elías le estaba diciendo: *Primero hazme algo de comer. Luego, eres libre de prepararte algo para ti y tu hijo.* ¿Cuántas veces te has encontrado en una situación similar: tus recursos son limitados, pero Dios te está llamando a actuar? ¿Te cuesta confiar en sus planes cuando no puedes ver el resultado final?

No puedo decir cuántas veces he visto a mi madre ser ejemplo de esto. No teníamos mucho cuando yo era chica; sin embargo, ella siempre encontraba recursos para bendecir a los demás: al darle de comer a alguien, donar a una asociación que recaudaba fondos para las misiones, encontrar tiempo para ser tutora voluntaria en su ya apretada agenda. Si mi madre sentía que Dios le llamaba a ayudar a alguien, nunca la vi dudar o cuestionar cómo Dios compensaría el déficit. No tengo ninguna duda de que, si mi madre fuese la viuda de esta historia, ¡se hubiese puesto rápidamente a cocinar ese panecillo para Elías! Por cierto, su pan casero es una de las cosas más ricas que probarás en tu vida, así que asegúrate de que sepa que necesitas una rebanada. La madre viuda de Sarepta era igual de fiel.

Ella fue e hizo lo que le había dicho Elías (1 Reyes 17:15).

¿Adivina qué? Dios es infinitamente más fiel de lo que podríamos ser nosotros, y lo que Elías le prometió a aquella madre desesperada se hizo realidad.

De modo que cada día hubo comida para ella y su hijo, como también para Elías. Y tal como la palabra del Señor lo había anunciado por medio de Elías, no se agotó la harina de la tinaja ni se acabó el aceite del jarro (1 Reyes 17:15-16).

En este caso, toda la región estaba siendo afectada por una hambruna paralizante, pero la fe y el sacrificio de una madre acabaron proporcionando todo lo que ella y su hijo necesitaban hasta que Dios levantó el juicio de Israel, ¡tres años y medio después!

La provisión de Dios para esta madre en necesidad no había finalizado aún. 1 Reyes 17:17 dice que luego su hijo se enfermó gravemente.

Tan grave se puso que finalmente expiró. Entonces ella le reclamó a Elías: "¿Por qué te entrometes, hombre de Dios? ¡Viniste a recordarme mi pecado y a matar a mi hijo!" (1 Reyes 17:17-18).

Mi primera reacción a este pasaje fue: "Has sido testigo de los milagros del Dios de Elías, al salvarlos a ti y a tu hijo, ¿y ahora lo acusas de esto?". Luego recordé: yo misma he visto la provisión e intervención de Dios en mi vida, y también he entrado en pánico ante la tragedia. Nuestra fe a veces es imperfecta, pero Dios es fiel a pesar de todo.

"Dame a tu hijo", contestó Elías. Y quitándoselo del regazo, Elías lo llevó al cuarto de arriba, donde estaba alojado, y lo acostó en su propia cama. Entonces clamó: "Señor mi Dios, ¿también a esta viuda, que me ha dado alojamiento, la haces sufrir matándole a su hijo?". Luego se tendió tres veces sobre el muchacho y clamó: "¡Señor mi Dios, devuélvele la vida a este muchacho!".

El Señor oyó el clamor de Elías, y el muchacho volvió a la vida. Elías tomó al muchacho y lo llevó de su cuarto a la planta baja. Se lo entregó a su madre y le dijo: "¡Tu hijo vive! ¡Aquí lo tienes!".

Entonces la mujer le dijo a Elías: "Ahora sé que eres un hombre de Dios, y que lo que sale de tu boca es realmente la palabra del Señor" (1 Reyes 17:19-24).

No puedo condenar a esta mujer por haber dudado cuando yo misma he tenido mis dudas. Debió de estar muy desesperada, y Dios escuchó los poderosos gritos de Elías en su favor. Recuerda, ella se refirió a Dios como "tu Dios" (1 Reyes 17:12) cuando se conocieron por primera vez. Para el final de la historia, esta madre ya no se refería a Dios con distancia. Su lenguaje cambió; ella creía.

El sucesor de Elías, Eliseo, también fue un canal de la misericordia de Dios para una madre en apuros durante su tiempo de profecía y ministerio. Esta viuda había sido la esposa de un hombre que también era profeta, y le pidió ayuda a Eliseo cuando parecía que estaba a punto de perder también a sus hijos.

La viuda de un miembro de la comunidad de los profetas le suplicó a Eliseo: "Mi esposo, su servidor, ha muerto, y usted sabe que él era fiel al Señor. Ahora resulta que el hombre con quien estamos endeudados ha venido para llevarse a mis dos hijos como esclavos". "¿Y qué puedo hacer por ti?", le preguntó Eliseo. "Dime, ¿qué tienes en casa?". "Su servidora no tiene nada en casa", le respondió, "excepto un poco de aceite" (2 Reyes 4:1-2).

Esta mujer había quedado sin un hombre que la protegiera ni le proveyera, y estaba a punto de que le quitaran a sus hijos también. Eliseo vio la situación de esta madre angustiada e inmediatamente se puso en acción. Comenzó preguntándole cómo podía ayudarla. Creo que esa es una de las preguntas más importantes que podemos pronunciar cuando alguien se encuentra pasando por una crisis. Con buenas intenciones, a menudo nos acostumbramos a decir: "Solo avísame si puedo ser de ayuda". Pero al preguntarle directamente cómo podía mejorar las cosas para ella, Eliseo le hizo saber que estaba dispuesto a ayudarla a encontrar una solución concreta.

La viuda no tenía nada que ofrecer al respecto, salvo un poco de aceite de oliva. Eso, sumado a su fe, acabó siendo más que suficiente. Dios nunca nos pedirá dar más de lo que tenemos. A lo largo de toda la Biblia vemos como multiplicó lo que las personas le ofrecieron. Él fue el Creador de todo lo que conocemos (¡y de mucho más!) partiendo de la nada. Él no *necesita* lo que nosotras tenemos. Lo que quiere es nuestra fe. En cada una de las historias de este capítulo, la fe y la confianza preceden al milagro de Dios. Es el ingrediente clave que solo nosotras podemos ofrecer.

El profeta los preparó a ambos para un milagro.

Eliseo le ordenó: "Sal y pide a tus vecinos que te presten sus vasijas; consigue todas las que puedas. Luego entra en la casa con tus hijos y cierra la puerta. Echa aceite en todas las vasijas y, a medida que las llenes, ponlas aparte" (2 Reyes 4:3-4).

La provisión maravillosa y sobrenatural iba a ser un esfuerzo comunitario. Esta madre frenética, casada un día con un profeta como Eliseo, conocía el poder de sus palabras y no dudó en seguir sus indicaciones.

En seguida la mujer dejó a Eliseo y se fue. Luego se encerró con sus hijos y empezó a llenar las vasijas que ellos le pasaban. Cuando ya todas estuvieron llenas, ella le pidió a uno de sus hijos que le pasara otra más, y él respondió: "Ya no hay". En ese momento se acabó el aceite. La mujer fue y se lo contó al hombre de Dios, quien le mandó: "Ahora ve a vender el aceite, y paga tus deudas. Con el dinero que te sobre, podrán vivir tú y tus hijos" (2 Reyes 4:5-7).

¡Qué gran historia tenía para contar esta madre! Asustada y sin prácticamente ninguna opción para su familia, clamó por ayuda. Me encanta que el milagro que Dios realizó a través de Eliseo no se limitó a la viuda y a sus dos hijos. En él participaron todos los que conocían su situación y estaban dispuestos a entregar una jarra o un recipiente para recoger el aceite. La viuda se anticipó a la respuesta divina, y se la comunicó a todos los demás al recolectar todas esas vasijas. Luego fue capaz de dar testimonio a cada una de esas personas al devolverle sus vasijas vacías, habiendo vendido el aceite que milagrosamente habían contenido en su momento.

No sé tú, pero a mí me encanta regocijarme al ver que el sufrimiento de otro se convierte en alegría, su necesidad en solución, y su déficit en abundancia. Rara vez sabemos exactamente cómo va a actuar Dios en una situación determinada, pero nunca nos equivocaremos si acudimos a Él y le pedimos ayuda. En ocasiones, la respuesta de Dios a nuestras oraciones llega de la forma que esperamos. Más a menudo, la respuesta llega por un camino que no esperábamos, pero siempre de un modo que hace crecer nuestra fe y da gloria a Dios. Los mayores ejemplos de esperanza que me rodean en este momento son personas que están caminando por valles tenebrosos. Su confianza en Dios y su decisión deliberada de profundizar en sus promesas, a pesar de las circunstancias, es un reto y una inspiración para mí. Oro por que, tal como lo fue en las historias de estas madres viudas obedientes, Dios sea tan claro y evidente en el camino de mis amigos.

Hace siglos, y en muchos lugares todavía hoy, las viudas eran increíblemente vulnerables sin un esposo que las protejiera y les proveyera. A lo largo de toda la Biblia, Dios deja en claro que debemos cuidar a las madres en apuros.

No explotes a las viudas ni a los huérfanos (Éxodo 22:22).

Padre de los huérfanos y defensor de las viudas es Dios en su morada santa (Salmos 68:5).

Reconoce debidamente a las viudas que de veras están desamparadas (1 Timoteo 5:3).

La religión pura y sin mancha delante de Dios nuestro Padre es esta: atender a los huérfanos y a las viudas en sus aflicciones (Santiago 1:27).

Estas prioridades se ilustran perfectamente en la historia de la viuda de Naín en Lucas 7. Cuando Jesús la encontró, esta mujer no solo había perdido a su marido, sino que también iba en el cortejo fúnebre de su propio hijo. La Biblia nos dice que el corazón de Jesús se rompió al ver a esta mujer e inmediatamente hizo volver a su hijo a la vida (Lucas 7:14-15). Hubo un regocijo enorme que también llevó a la difusión del Evangelio en toda la región (Lucas 7:17). Que también nosotras seamos instrumento de Dios para las madres en necesidad. Esto puede manifestarse de innumerables maneras, desde dar un aventón en el auto hasta compartir un guiso. Si sientes que Dios te guía a tender la mano, sigue sus indicaciones. Créeme, ¡ambas terminarán siendo bendecidas!

Milagros para hijas

Los evangelios también nos cuentan la historia de una hija (o dos) que necesitaban un milagro. El pedido de ayuda inicial se produjo durante el período del ministerio de Jesús en el que se estaba corriendo la voz de sus milagros de sanidad y su poder sobrenatural. Eso significaba que a menudo era rodeado por multitudes, que lo presionaban literal y figurativamente. Es en medio de una de estas masas de gente donde vemos la franca súplica de un padre por su hija.

> Llegó entonces uno de los jefes de la sinagoga, llamado Jairo. Al ver a Jesús, se arrojó a sus pies, suplicándole con insistencia: "Mi hijita se está muriendo. Ven y pon tus manos sobre ella para que se sane y viva" (Marcos 5:22-23).

¿Quién era este hombre rogándole a Jesús que lo ayudara? Bueno, sabemos que Jairo era un hombre en un lugar de poder. No solo eso, sino que también era un líder religioso. Recuerda, muchos de los líderes religiosos en la época de Jesús no creían que Él era una divinidad o que era enviado por Dios el Padre. De hecho, pensaban que Jesús era un hereje y querían callarlo. Aparentemente, Jairo se había convencido de lo contrario, o bien estaba tan desesperado por salvar a su hija que estaba dispuesto a humillarse ante Jesús y arriesgarse. Cualquiera sea el caso, accionó en pos de su amada pequeña, que se estaba muriendo.

En medio de la multitud de personas reunidas alrededor de Jesús aquel día, este elevado dignatario religioso se arrojó literalmente a sus pies. Jairo no estaba intentando impresionar a la multitud que se abalanzaba sobre Jesús. No estaba tratando de guardar las apariencias o distanciarse de este hombre controversial que hacía afirmaciones impactantes. Con su preciosa hija a punto de morir, se humilló y mostró su fe en que Jesús podía salvarla tan solo poniendo sus manos sobre ella. No hay dudas de que allí había una innumerable cantidad de personas pidiéndole ayuda a Jesús, pero Él respondió de inmediato a la petición directa y sin pretensiones de un hombre que posiblemente estaba arriesgando su propia posición para salvar a su hija.

Jesús se fue con él, y lo seguía una gran multitud, la cual lo apretujaba (Marcos 5:24).

Imagina cómo debe haberse sentido Jairo, ¡inundado de una profunda esperanza! El tiempo era clave y, sin embargo, Jairo había sido capaz no solo de llegar a Jesús, sino también de convencerle de que se apresurara a acudir al lecho de su hija moribunda. No tan rápido.

Con el reloj corriendo, Jesús tomó un desvío. Es una historia que he leído muchas veces; y una de mis favoritas. Una mujer que había estado sufriendo con un "problema de sangrado" por doce años estaba desesperada por recibir ayuda. Además, había gastado cada centavo que tenía intentando encontrar una solución. Había oído sobre Jesús y decidió que, si tan solo pudiese tocar el borde de su manto, eso sería suficiente para sanarla. Sin embargo, esto no estaba exento de riesgos. De acuerdo con la ley del Antiguo Testamento, esta hemorragia continua la habría hecho ceremonialmente impura, lo que significaba que no debía estar cerca de otras personas. Al igual que Jairo, se humilló y llevó su situación directamente ante el Único que creía que podía sanarla.

La sanidad milagrosa de esta mujer ocurrió con el simple toque del manto de Jesús. Él lo sabía, y ella lo sabía. Cuando se dio vuelta y preguntó quién lo había tocado, la mujer se arrodilló ante Él, atemorizada y temblando, y "le confesó toda la verdad" (Marcos 5:33). Jesús hubiera tenido todo el derecho de castigarla o reprenderla, pero hizo exactamente lo contrario. Todos los relatos de los evangelios cuentan que lo primero que hizo fue dirigirse a ella con la tierna palabra de *hija* (Mateo 9:22; Marcos 5:34; Lucas 8:48), y luego acreditó su fe como la causa de su sanidad.

No tenemos idea de cuánto tiempo llevó toda esta interacción. ¿Exactamente cuánto de sus doce años de dolor y desesperación derramó esta mujer al compartir su "confesión de la verdad" con Jesús? Parado a su lado se encontraba un padre angustiado, un respetado líder de la sinagoga que esperaba para llevar a Jesús con su hija moribunda, y sin embargo Cristo eligió interactuar con esta mujer que muchos en la multitud probablemente veían como un "rompe-reglas" que lo estaba distrayendo. Aun a la luz de la emergencia con la hija de Jairo, Jesús se detuvo con el propósito de ver a una "hija" suya. Él nunca está demasiado ocupado para nosotras, y conoce nuestro sufrimiento. La Biblia nos dice que, al venir a la tierra, Cristo experimentó toda nuestra fragilidad humana, pero sin pecado.

> Porque no tenemos un sumo sacerdote incapaz de compadecerse de nuestras debilidades, sino uno que ha sido tentado en todo de la misma manera que nosotros, aunque sin pecado (Hebreos 4:15).

Dios no está demasiado ocupado para manejar múltiples crisis a la vez, tal como aquella multitud estaba a punto de descubrir.

Sin embargo, no todo el mundo podía ver el plan divino de Jesús, y la noticia que llegó de la casa de Jairo fue aplastante.

Todavía estaba hablando Jesús cuando llegaron unos hombres de la casa de Jairo, jefe de la sinagoga, para decirle: "Tu hija ha muerto. ¿Para qué sigues molestando al Maestro?". Sin hacer caso de la noticia, Jesús le dijo al jefe de la sinagoga: "No tengas miedo; cree nada más" (Marcos 5:35-36).

Era claro que había un límite en lo que los hombres provenientes de la casa de Jairo estaban dispuestos a creer sobre Jesús. ¿Pero qué hay de Jairo, el líder religioso? Él ya había dejado en claro que creía que Jesús podía extender las manos sobre su hija y sanarla, pero ¿qué hay sobre levantarla de entre los muertos? Antes de que podamos averiguar lo que debió pensar este padre afligido, Jesús le dijo que rechazara el miedo y abrazara la fe.

Todas tendremos momentos impactantes en la vida: una llamada telefónica desgarradora, una pérdida inesperada, una noticia que sacude nuestros cimientos más profundos. Es natural para nosotras, como seres humanos falibles, entrar en pánico o dudar. Jesús nos pide que desechemos ambas opciones. Algunas veces es tan fácil como susurrar una oración: *Señor, no puedo con esto. Por favor, ayúdame.* No tiene que ser poética o sofisticada. Él conoce nuestro corazón y las luchas que estamos enfrentando. Jesús fue directo con Jairo: *no tengas miedo; cree nada más.* Eso debe ser lo que hizo Jairo, porque no dijo: *No, es demasiado tarde. No debería hacerte perder más tiempo.* En cambio, fueron directo al lecho de su hija.

Jesús solo hizo pasar a sus compañeros más íntimos a la casa de Jairo, y se encontraron con el escenario que te esperarías en la casa de una niña joven que acababa de morir.

Cuando llegaron a la casa del jefe de la sinagoga, Jesús notó el alboroto, y que la gente lloraba y daba grandes alaridos. Entró y les dijo: "¿Por qué tanto alboroto y llanto? La niña no está muerta, sino dormida". Entonces empezaron a burlarse de él, pero él los sacó a todos, tomó consigo al padre y a la madre de la niña y a los discípulos que estaban con él, y entró a donde estaba la niña (Marcos 5:38-40).

El luto había comenzado, pero Jesús sabía lo que se avecinaba. Pronto Él mismo escaparía de la muerte; esta no tenía ningún poder sobre Él. Ya sea despertar a alguien de una siesta o resucitarlo de entre los muertos, ambas cosas eran igualmente posibles para Jesús. Sin embargo, cuando sugirió que la niña estaría bien, el llanto se transformó en risas. ¿Era una expresión de incredulidad o de burla? Cualquiera fuese el caso, Dios no se sorprende de los humanos que dudan y se ríen de sus planes milagrosos.

¿Recuerdas a Abraham y Sara y su reacción cuando Dios les dijo que tendrían un hijo a una edad extremadamente avanzada?

Entonces Abraham inclinó el rostro hasta el suelo y se rio de pensar: "¿Acaso puede un hombre tener un hijo a los cien años, y Sara ser madre a los noventa?" (Génesis 17:17).

Por eso, Sara se rio y pensó: "¿Acaso voy a tener este placer, ahora que ya estoy consumida y mi esposo es tan viejo?".

Pero el Señor le dijo a Abraham: "¿Por qué se ríe Sara? ¿No cree que podrá tener un hijo en su vejez? ¿Acaso hay algo imposible para el Señor? El año que viene volveré a visitarte en esta fecha, y para entonces Sara habrá tenido un hijo".

Sara, por su parte, tuvo miedo y mintió al decirle: "Yo no me estaba riendo". Pero el Señor le replicó: "Sí te reíste" (Génesis 18:12-15).

Al igual que Dios llamó la atención a Sara por tratar de ocultar su reacción de incredulidad ante su promesa, Jesús les dijo a los afligidos escépticos de la casa de Jairo que se fueran. Me encanta lo directo que fue Jesús en esta historia; la Biblia nos dice que "los sacó a todos" (Marcos 5:40). No lo toleraría. Él estaba ahí por los asuntos de su Padre.

La tomó de la mano y le dijo: *Talita cum* (que significa: Niña, a ti te digo, ¡levántate!). La niña, que tenía doce años, se levantó en seguida y comenzó a andar. Ante este hecho todos se llenaron de asombro (Marcos 5:41-42).

En un solo capítulo, Jesús había sanado a dos hijas en desesperada necesidad. En ambos casos, la fe precedió a los milagros. También creo que ambos casos transformaron un sufrimiento profundo en testimonios gloriosos de la verdad acerca de quién era —y es— Jesucristo. A menudo pienso en la mujer que había sufrido tanto con su enfermedad paralizante, y cómo toda su vida se convertiría en una prueba de la divinidad de Jesús al compartir su historia. ¿Y qué hay acerca de Jairo? Él era un líder de la sinagoga, un lugar en el que no solo había escépticos, sino también enemigos declarados de Jesús. Jairo podría contarles cara a cara sobre el milagro de Jesús que había atestiguado. Al igual que en otros milagros que había hecho, Jesús les dio "órdenes estrictas" a los testigos de la resurrección de la niña de que no le contaran a nadie al respecto. ¿Obedecieron? El leproso que Jesús curó en Marcos 1:42 de seguro no siguió las órdenes.

Pero él salió y comenzó a hablar sin reserva, divulgando lo sucedido. Como resultado, Jesús ya no podía entrar en ningún pueblo abiertamente, sino que se quedaba afuera, en lugares solitarios. Aun así, gente de todas partes seguía acudiendo a él (Marcos 1:45).

¿Le preocupaba a Jesús que se corriera la voz sobre sus milagros y eso desviara la atención de su misión subyacente más importante: buscar y salvar a los perdidos (Lucas 19:10)? Ciertamente los milagros eran parte de su ministerio, y a menudo leemos que Jesús se compadecía de los que encontraba abatidos y sin esperanza (Mateo 9:36). Pero si las multitudes solo se interesaban en ver a Jesús hacer "trucos de magia", había peligro de que se perdieran el verdadero mensaje.

Jesús fue enviado para redimirnos a todos, no solo para ser un amuleto de buena suerte cuando lo necesitamos. Dios es impulsado por la compasión no solo para satisfacer nuestras necesidades físicas y terrenales, sino también para entregar un regalo aún mayor: la salvación. A veces el crecimiento que Él sabe que necesitamos llega como resultado de una poda que probablemente no queremos. Hay propósito en todo ello. Al igual que en las historias de estas madres e hijas que recibieron milagros, su fe fue fortalecida y Dios fue glorificado.

Señor, danos el coraje para rechazar el miedo y aferrarnos a ti cuando la vida es incierta y difícil. Ayúdanos a dar un paso de fe cuando nos dirijas a confiar y creer. Concédenos la capacidad de alejarnos de las dudas y de los escépticos, cuando nos llaman a cuestionar tu bondad y tus planes. Recuérdanos que, aunque la vida no estará exenta de sufrimiento, tú siempre estás obrando en los momentos de lucha. Ayúdanos a recordar que debemos acudir a ti todos los días, no solo cuando estemos en peligro. Que cuidemos nuestra relación contigo en todas las estaciones.

Preguntas de estudio sobre Milagros para madres... e hijas también

1. ¿Qué papel jugó la fe en los milagros de este capítulo?

2. ¿Qué riesgos tomó Jairo al arrojarse ante Jesús para pedir ayuda?

3. ¿Te has sentido forzada a obedecer a Dios cuando no tenía ningún sentido? ¿Te has encontrado dudando, aun cuando has visto el obrar de Dios en el pasado? ¿Cómo superaste la duda o aprendiste del desafío? ¿Qué nos dice Dios acerca de enfrentar el miedo? (Marcos 5:36).

4. ¿Cómo reaccionó Jesús ante aquellos que se burlaban o no creían? (Marcos 5:40). ¿De qué manera su reacción puede guiar nuestra respuesta a los que cuestionan nuestra fe?

5. ¿Cómo puedes ver en estas historias que un retraso en la respuesta de Dios a una petición de ayuda terminó sirviendo a un propósito mayor?

Agradecimientos

Las páginas de este libro son el fruto de la inspiración y el trabajo de decenas de personas con talento y dedicación que lo han llevado de un sueño a una realidad. Desde mis primeros maestros de la escuela dominical en la Primera Iglesia Bautista de West Hollywood, hasta los sabios teólogos de todo el país en los que confío para que me guíen hoy, gracias por verter sus conocimientos en esta vasija de barro. Toda la gloria a mi Padre Celestial por asegurarse de que las historias de estas mujeres terminaran en la Biblia, y por dirigir mi camino para que me cruzara con aquellos que me ayudan a compartirlas.

Jennifer Stair, tus ideas y tu aliento hicieron que cada capítulo fuera mejor y que el proceso fuera mucho más alegre. Mary Grace DuPree, tu perspicacia hizo que estas mujeres fueran más accesibles y sus lecciones de vida aún más valiosas. Hannah Long, eres brillante y tajante; es un privilegio trabajar a tu lado.

Michael Tammero, eres nuestra arma secreta en tantos sentidos. Tu actitud optimista, tus interminables ideas y tu pasión por conseguir que Fox News Books conecte con la gente de todo el mundo no tienen comparación. ¡Me siento humildemente agradecida de formar parte del equipo!

Nada de lo que hago en la vida podría llevarse a cabo sin el mayor regalo terrenal de Dios para mí, Sheldon. Gracias por ser la roca inquebrantable de mi vida durante casi treinta años. Cada lucha es más manejable, cada victoria es más dulce, cada aventura es exponencialmente más divertida gracias a ti.

Mamá, has estado orando por mí desde mucho antes de que yo llegara. Plantaste la palabra de Dios en lo más profundo de mi corazón desde una edad temprana y continúas siendo un ejemplo de su gracia, perdón y amor en formato humano. Gracias por cubrirme a mí, y a este libro, en oración constante.

No puedo expresar de forma adecuada hasta qué punto me siento bendecida cada vez que alguien, desconocido o amigo, me dice: "Estoy orando por ti". Mi más sincero agradecimiento a quienes me lo recuerdan a menudo: Magen, Debbie, Penny, Lynne, Angie, Sarah, Molly, Anna, Charlie, el pastor Jeffress, Greg y Cathe, la Hermandad y los Coraggio. A Olivia, gracias por ayudarme a cumplir tantos sueños, ¡incluso los que no sabía que tenía! Tessa, sería un desastre sin ti. Tu carácter alegre, tu trabajo duro, tu profunda fe y tus pasos de baile vanguardistas hacen que la vida sea más divertida. Y al equipo de *Fox News @Night*: nunca podría compaginar estas cosas que me gustan sin la dedicación, excelencia y comprensión de ustedes.

Joel Rosenberg y Karen Kinsbury, los admiro profundamente como autores y amigos. Su orientación y estímulo han sido una bendición, y a menudo la ráfaga de viento que necesitaba para seguir avanzando en la dirección correcta.

Kathy Progar, mientras caminabas por la época más desafiante de tu vida, tu transparencia y testimonio han sido un faro para mi vida, un verdadero ejemplo de lo que significa aferrarse y celebrar las promesas de Dios cuando las circunstancias ponen a prueba los cimientos de tu fe.

Índice

Sobre la autora

SHANNON BREAM es la autora del *bestseller* del *New York Times: Las mujeres de la Biblia nos hablan*, la presentadora del programa *Fox News @ Night,* y principal corresponsal jurídica del canal Fox News. Ha cubierto casos emblemáticos en la Corte Suprema y acaloradas campañas políticas y batallas legales desde la Casa Blanca hasta el Capitolio.